★ 二战风云人物 ★

山本五十六

张万杰◎著　于之伟　郭岭松◎主编

中國華僑出版社

图书在版编目(CIP)数据

山本五十六 / 张万杰著.—北京：中国华侨出版社，2015.2

(二战风云人物 / 于之伟，郭岭松主编)

ISBN 978-7-5113-5202-6

Ⅰ. ①山… Ⅱ. ①张… Ⅲ. ①山本五十六(1884~1943)-生平事迹 Ⅳ. ①K833.135.2

中国版本图书馆 CIP 数据核字(2015)第036136 号

二战风云人物：山本五十六

著　　者 / 张万杰
责任编辑 / 文　蕾
责任校对 / 志　刚
经　　销 / 新华书店
开　　本 / 787 毫米×1092 毫米　1/16　印张/17　字数/238 千字
印　　刷 / 北京军迪印刷有限责任公司
版　　次 / 2015 年 5 月第 1 版　2020 年 5 月第 2 次印刷
书　　号 / ISBN 978-7-5113-5202-6
定　　价 / 68.00 元

中国华侨出版社　北京市朝阳区静安里 26 号通成达大厦 3 层　邮编：100028
法律顾问：陈鹰律师事务所
编辑部：(010)64443056　64443979
发行部：(010)64443051　传真：(010)64439708
网址：www.oveaschin.com
E-mail：oveaschin@sina.com

前言

第二次世界大战，是迄今为止人类历史上最为惨痛的一场浩劫，给整个世界造成了巨大的灾难。据估计，死亡人数超过 6000 万，各类损失超过 40000 亿美元。在这场关系到人类前途和命运的斗争中，正义力量最终取得胜利，人类文明得以延续，和平得以恢复。

从和平到来的那一刻起，人们就开始不断反思与战争有关的一切，试图寻找制止人类自相残杀的方法和途径。时至今日，第二次世界大战结束已经整整 70 年了，这种反思还在继续。令人遗憾的是，以人类现有的历史智慧，不仅没有找到彻底消弭战争的方法，而且随着世界政治格局的进一步发展，全球各地的军事冲突不断，战火频仍，甚至在个别地区有愈演愈烈之势。有人甚至担心，是否会爆发新的世界大战！

事实上，这种担心是完全没有必要的。

二战造成的影响极为深远，涉及政治、经济、文化、科技等各个领域，给世界带来了天翻地覆的变化。特别是东西两大对立阵营的出现，彻底改变了近两百年来由资本主义支配世界的格局。随着苏联的解体，表面上这种对立已不复存在，但它所留下的阴影仍然存在于全球各个角落，当代世界全局性矛盾的焦点仍然集中于此。不过，经过战后70年的历史演变，人们基本可以形成这样一个共识：任何一方都不可能通过军事手段一举消灭对方，并存和互相竞争的局面已经形成。换句话说，就是从政治、经济、文化等诸方面较量彼此实力和影响力等手段已经成为世界范围内竞争的主流。军事手段虽然没有被完全抛弃，但是爆发世界大战的可能性微乎其微，基本可以忽略不计。

正值二战胜利70周年之际，我们策划、出版这套《二战风云人物》丛书的目的也在于此。丛书共10册，收入了二战期间“同盟国”和“轴心国”将领各5人，分别是：艾森豪威尔、巴顿、麦克阿瑟、朱可夫、蒙哥马利、隆美尔、邓尼茨、曼施泰因、古德里安和山本五十六。丛书没有止于对人物在二战期间经历的单纯记述，而是从宏大的历史战争画卷入手，就人物的性格、军事指挥艺术以及世界潮流发展进行深入分析与阐释，总结得出一个结论：邪恶势力或许凭借个人能力或物质基础而嚣张一时，但最终都无法改变正义必将战胜邪恶这一亘古不变的真理。

愿战争不再，和平永驻。

鉴于水平有限，丛书中难免会出现疏漏或错误，敬希读者批评指正。

目录

／ 苦难的童年 ／

婴儿都是伴随着一声声啼哭降临世上、进而开始人生之旅的。可是，有一个人却并非如此。据说，他出生时竟然一声没哭，而且还带有“凝眉思索”的神情，让见到他的人莫不惊诧。当时亲人和周围的邻居们断言，这孩子并非常人，将来必成大器。果然，这个婴儿长大后就是掀起了太平洋战争的狂涛巨浪、震撼了整个世界、被日本奉为“海军之花”的山本五十六。

1884 年 4 月 4 日，山本五十六出生于日本新潟县长冈市一个旧武士家庭。父亲高野贞吉已经 56 岁了，老年得子的喜悦带给他振兴家族的新的希望，遂给其取名为高野五十六。高野五十六在 32 岁时，继嗣给长冈望族山本家族，故易名山本五十六，这是后话。

父亲高野贞吉有两任妻子，共生有 7 个孩子。他原名长谷川贞吉，因成年后入赘高野家，与高野家长女结婚，故改姓高野。他们育有高野让、高野登、高野丈三、高野留吉 4 个儿子。后来妻子不幸去世，高野贞吉又娶了自己表妹长谷川峰子，又生了高野嘉寿子、高野季八、高野五十六。高野五十六为家中最小的一个孩子，和哥哥高野让相差了 30 岁，比高野让的儿子高野力还小了整整 10 岁。

高野五十六出生时，高野家族已经是家道中落。其家族世世代代是长冈的儒官，与藩主关系较好。俸禄最高时达到 120 石。虽谈不上家世显赫，但在长冈也是家境殷实、颇有地位。然而，1868 年突如其来的明治维新却改变了高野家族的一切。

明治维新是以下级青年武士、学习西方的豪农豪商阶层组成的倒幕派发动的一次政治革命。他们以“富国强兵”为宗旨，推翻了德川幕府的统治，实施“版籍奉还”、“废藩置县”政策，建立以天皇为首的中央集权式的新政府。对日本而言，明治维新是从落后走向先进的转折点，推动了日本社会的进步，但是对于高野家族这样的旧武士家族来说，则是一个致命的打击。

由于明治维新，不仅武士的社会地位大幅下降，而且随着俸禄渐次缩减，他们在经济上也难以获得保障。旧武士等封建势力对此强烈不满，企图在幕府的号召下卷土重来，推翻明治政府的统治，戊辰战争由此爆发。1868 年 6 月，与江户幕府关系密切的长冈藩也参加了对抗明治政府的战争。长冈藩几乎所有的武士都参加了，高野五十六的祖父高野贞通与祖母都在长冈之战中战死，高野五十六的父亲高野贞吉也在战争中负伤。本来经过明治维新，高野家族已开始衰败，再经过戊辰战争，大部分财产都化为乌有。到高野五十六出生时，高野家族已经破落，生活十分贫困。

童年是一生中重要的阶段，据心理学家分析，童年经历会影响一个人的一生。因为童年如一张白纸，如何书写取决于童年时期的认知和感悟，也会对其今后的性格、人生观和价值观的形成有直接的影响。可以说，高野五十六性格的形成与其备受苦难的童年有着直接的关系。

在高野五十六的记忆里，童年的生活是艰难而快乐的。

父亲高野贞吉在战争中与死神擦肩而过，能活下来已经是不幸中的万幸了。但是他面临一个更大的难题，就是如何让已经衰败的高野家族生存下来。高野家族以前是靠武士的俸禄生活。如今武士的特权都被取消，而他们长期脱离生产，根本没有什么技能，如何才能生存下去呢？高野贞吉试图让大儿子高野让去日本北海道创业。他东挪西借，筹集了一些资金，准备在那里建一个农场。但雪上加霜的是，一场大火让本来已经快要见到成效的农场化为乌有，高野家债台高筑，日子更艰难了。

生活虽然贫困，但高野五十六能在劳作中寻找着快乐，能在逆境中保持着乐观向上的心境。童年的记忆中，他最喜欢跟着兄长或父母出海捕鱼。家乡信浓川的河水似乎对他有着独特的吸引力。一想到每次捕鱼能在信浓川中游泳，他就有一种说不出的喜悦和兴奋，对水的热爱是他后来立志当海军并能成为海军统帅的一个重要原因。因游泳技艺高超，他每次捕鱼都能满载而归。见到父母露出满意的微笑，他忽然感觉自己像荣归的将军，有一种莫名的自豪感。

在捕鱼过程中，高野锻炼和凸显了他的领导才干。

一次在捕鱼中，高野五十六发现了一帮孩子进行着一场“海上战争”。仔细一看，原来是长冈和信浓川对岸谷川村两地的孩子们在仿照海军士兵进行“战争”。那日，“长冈兵”被“谷川兵”追逐着，几乎溃败。小个子的高野五十六虽然从未参与过打仗，但他不知道哪来的勇气，决心帮助家乡的“长冈兵”共同对付“谷川兵”。他屏住呼吸，躲在芦苇丛中，等“谷川兵”一到，他就大喊“杀啊！打死谷川人！”他拼命地摇动芦苇，制造声势，这时“长冈兵”趁势“杀”了回来。“谷川兵”见状，以为中了埋伏，吓得落荒而逃。因为高野的加入，“长冈兵”转败为胜。“长冈兵”热情地邀请高野加入，高野遂成为“长冈兵”的领袖。

也许幼年的高野五十六对“战争”有着特殊的天赋，他预计到“谷川兵”会再来袭击，于是运用了所谓的“战略战术”。他让小部分“长冈兵”佯装败退，大部分隐藏在芦苇荡中。等“谷川兵”追近，“长冈兵”以两面出击之战术，一举击退敌军。由此，“长冈兵”改变了劣势地位，开始在“战争”中居于上风，“谷川兵”不敢轻易“宣战”了。高野五十六虽然年龄小、个子矮，但以其智谋、韬略、勇敢赢得了“长冈兵”的信赖，一致推选他为“长冈兵司令”。由于高野五十六的“参战”，扭转了“战争”局势，使长冈孩子们转败为胜。如果不是因为父亲发现此事，取消他出海的权利，他还能在这样的“战争”中展现才能。

去祭祀神社看舞蹈表演也是高野五十六童年的一大趣事。姐姐嘉寿子对他最为疼爱，经常趁大人不在，带着他去附近的村镇看祭祀神社的舞蹈表演。高野五十六的模仿力极强，一回到家就情不自禁地模仿一番。同时，他还对此加以创新，手拿两只盘子，练就了一种“盘舞”，把姐姐嘉寿子逗得前仰后合，连连称赞弟弟绝顶聪明。以后，每当家里来客人的时候，父亲就让他给客人表演这种舞蹈，博得客人们的阵阵喝彩。即使成年以后，在某些特定的场合，他偶尔还会表演他的绝技——“盘舞”来调节气氛，使现场气氛变得欢愉起来。

童年中，高野五十六受到了来自家庭的武士道精神的熏陶和教育。父亲高野贞吉经常提及那些西方殖民者是如何用大炮打开日本的国门的，那是日本人应该永远铭记的1853年的黑船事件。美国东印度舰队司令马修·佩里率领着4艘载有63门大炮的黑色近代铁甲军舰开到江户湾口，以武力威胁幕府开国。幕府只好接受开国的要求，签订了不平等的《日美亲善条约》。高野贞吉告诉他，这是日本人的耻辱，作为日本武士必须要树立一种保家卫国的意识，在国家和民族危难之时挺身而出，不怕牺牲，克服困难，这才是真正的武士道精神。高野五十六的祖父高野贞通和祖母就是具有了这种武士道精神，以77岁高龄参战并光荣战死。高野五十六喜欢听父亲讲这些悲壮的故事，“日本人必须具有武士道精神”这种坚定的信念在他幼小的心灵中滋生了。据说，当他10多岁的时候，其父用武士刀划伤他的双腿12次，代表他正式元服①。

对于高野五十六来说，童年的经历让他体会到了生活的艰辛与不易。他能从一个破落的旧武士家庭走出来，一跃而成为日本的海军联合舰队总司令，与其童年时期形成的坚忍、果敢、沉默寡言、勇猛好胜的性格是分不开的。我们从他童年点点滴滴的经历中能隐约地感觉出他今后的发展方向，将是一条不寻常的继承和发扬日本武士道精神的军国主义之路。

①元服，在日本指少年正式成人的仪式，一般元服在男子的15岁左右。

/ 长冈精神 /

1890 年，高野五十六已经到了上学的年龄，父亲送他到阪上小学读书。当时，因为家里贫穷，高野五十六的六哥高野季八仅仅完成小学学业就不得不出门谋生，大哥高野让的女儿也不得不中断学业，到医院做了一名护士。知道家中的窘境，高野五十六非常珍惜这来之不易的学习机会，在学校里他言语不多，但刻苦读书，心无旁骛，赢得学校老师们的一致好评。在小学毕业时，他获得学校颁发的优等奖及一枚教育奖励会颁予的樱花银质奖牌。

1896 年，高野五十六以优异的成绩升入了长冈中学。

长冈中学是在 1872 年由几名长冈藩武士倡议成立的，原名长冈洋中学。当时因为长冈藩参加了保卫幕府的戊辰战争，战争结束后被政府削藩减地，长冈藩满目疮痍，几乎成了一座废城。鉴于此，长冈藩一些颇有见识的武士经过一番思索，认为要改变长冈藩的面貌，必须要重视办学，振兴教育，培养人才。高野五十六就是在这样一所对教育重视的学校中，被视为人才而颇受重视。

由于成绩优异，高野五十六得到了来自长冈社的资助。长冈社是长冈藩武士为了培养可造就人才创建的一个育英事业团体，专门用来资助那些成绩优异的贫困学生。高野五十六升入到长冈中学时，长冈社给予他一个月 1 日元的资助，一年 12 日元。虽然资助金额不多，但对于高野来说，则是一种莫大的鼓舞。一方面，他可以凭自己的努力减轻父母经济上的压力。另一方面，他感到自己的努力同样也会获得社会的认可，成功对他来说并非是遥不可及，这更激起他刻苦学习的热忱。在长冈中学这 5 年的时间里，他尽量节省费用，大部分的教科书是他自己抄写的，只穿过一套校服，而将全部心思投入到学业上。

长冈中学是由一些旧武士开办的学校，他们弘扬武士道精神、务实进取精神、团结互助精神，构成了一系列的长冈地区独特的精神体系。其中，武士道精神作为该校教育的一个必不可少的内容。高野五十六在长冈中学里接受了武士道精神的系统教育，比来自他家庭的武士道教育更为深刻和具体。长冈教师向他们宣传，武士道精神是日本封建社会中武士阶层的道德规范及哲学，就如同欧洲中世纪出现的骑士精神一样，是他们大和民族才具有的独特精神。武士道是基于一些美德如“义、勇、仁、礼、诚、名、忠、克”的精神信仰，提倡崇尚克己、奉公、勇敢、隐忍、谦让的道德伦理观。日本武士只有通过履行这些美德才能够保持其荣誉，丧失荣誉的武士不得不进行切腹自杀。高野五十六受到了“长冈精神”的熏陶和影响，使其精神信仰中留下了武士道精神的深刻印痕，这对他此后走上军国主义道路不无影响。

随着明治维新后日本资本主义的进一步发展，长冈中学的武士道教育中加入了许多近代元素。高野五十六从学习中得知，日本是一个弹丸小国，人口众多，资源短缺。九州、本岛、四国、北海道加上琉球群岛，国土面积小，人口众多。由于日本孤悬大洋，内陆以山脉为主，资源匮乏。为了摆脱国土狭小、资源缺乏的现状，日本必须要拓宽自己的发展空间，通过扩张达到本国人民生存的目的。因此，16 世纪的丰臣秀吉、19 世纪前后的佐藤信渊，到 20 世纪前后的山县有朋都提倡对外扩张的理论。尤其是 1890 年山县有朋鼓吹的“主权线”和“利益线”，号召日本国民实行对周边国家的对外扩张政策，得到了日本政府的采纳。日本发动了对中国的中日甲午战争取得了胜利，并从战争中获得了丰厚的战利品，解决了日本国内资本主义发展的原材料短缺、资本不足的弊端，给日本带来了巨大的收益。

高野五十六从小受传统武士道精神的影响，崇尚武力，以杀伐征战为荣耀。后又通过长冈中学的武士道教育，具有了许多所谓的国家主义观念和民族主义思想。这像毒素一样浸入高野五十六的神经，这种国家主义观念让他为日本的侵略行径呐喊和欢呼，认为对外侵略是日本民族振兴之路。这是日本民族教育的一个重要内容。一位战时被派到日本的英国将军这样分析日本人的武士道精神：

在他们吃奶时就汲取的爱国精神中，政府很小心地把主动精神、敏捷和聪明才智结合在一起。这种工作是在学校完成的，学校把尚武品德列为优先学习的课程。

在学校中，高野五十六特别重视自己的这种“尚武品行”的修养。在毕业考试成绩中，高野五十六品行课 85 分，位列全班第一。

通过长冈中学的系统教育，高野五十六为国家和民族奋斗的武士道精神变得根深蒂固，成为其长冈精神的重要组成部分。

高野五十六后来认为，长冈精神的形成，与长冈中学学生组织“和同会”的影响是分不开的。“和同会”是 1875 年由长冈中学当时的学生井上园了发起成立的，是一个学生组织。“和同会”在学生中倡导武士道精神，宣传长冈藩的优良传统，提倡务实进取和团结互助的精神。高野五十六本来就是一个沉默寡言、务实进取的人，“和同会”所弘扬的精神似乎就是他的化身，故他的个性颇受师生们的欣赏，更促成了他个性的稳固。日后他回忆说，“真正培养我的乃是和同会的伟大精神”。

高野五十六悟出了一个道理，实现长冈精神，必须要有健康的体魄。这里还有来自他的侄子高野力或多或少的刺激。

高野力是大哥高野让的儿子，比他大 10 岁。作为高野家的长孙，高野家族对他寄予了厚望，将其送到东京学习。由于长期学习缺乏锻炼，高野力身体健康状态每况愈下，被迫中断学业，求医无效，不幸病逝。这给高野五十六很大的刺激，如果身体不好，奋斗的一切都将成为泡影。从此，他把锻炼身体提到了日程上，开始重视体育锻炼，准备练就一身强健的体魄。他每天跑步到学校，累得汗流浃背，即使遭到学生们取笑也毫不在乎。课间，他充分利用学校的单杠、木马等体育器械进行锻炼。功夫不负有心人，他很快能在单杠上连续做出各种动作，身轻如燕地来回翻转，身体素质得以迅速提高。后来，不管他身居何职，都将锻炼身体作为人生的一个重要部分。他曾对下属藤田元成说过，“我们不应该把身体看成自己的，应该把它看成是陛下的。我们活着不是为了自己，而是为了陛下。”可见，他锻炼身体的目的，已经从个人的健康意识提升到了为了国家、为了天皇了。

高野五十六在长冈中学的学习中，逐渐形成了长冈精神。在这种精神的指引下，他立志要发扬武士道精神，报效民族和国家。这时，日本的军国主义已经形成。国民崇尚武力，崇拜军人，军人一时成为社会备受追捧的职业。高野五十六在长冈中学学习期间，就立志毕业后要加入军人的行列，成为一名受世人尊敬的海军军官。

/ 海军之梦 /

成为海军军官的梦想其实在高野五十六的童年时期就开始萌发了。他从小对海水有着特殊的情感，并在与小伙伴们的“水中大战”中体会到了一种从未有过的刺激感、自豪感和荣誉感。那时候，他就希望自己长大后成为一名海军军官，并在脑海中勾勒出一幅自己亲率海上舰队跨洋作战的画面，每每想到这些，高野五十六内心都激动不已。

在长冈中学，成为一名海军军官的梦想一直充盈着他的内心。当他得知长冈中学有两名校友考入了江田岛海军兵学校时，就在毕业前一年主动给其中一名叫加藤哲平的人写信，询问江田岛海军兵学校的情况。加藤热情地写了回信，介绍了该校的具体情况。

当时，江田岛海军兵学校和东京帝国大学、京都帝国大学三所学校是日本最难考的三所大学。该校与美国安纳波利斯海军学院和英国达特茅斯皇家海军学院一起被誉为世界的三大海军学校。在这里，不仅教学水平是全日本乃至全世界一流的，更重要的是这里生活水准高，且一切都是免费的。这对于贫苦的高野五十六来说有着巨大的吸引力，况且毕业后可以成为让人羡慕的海军军官，在日本“海军就是贵族”。他们享受着丰厚的物质待遇，即使在战争年代，海军的官兵们也能喝着苏格兰特产威士忌，吸着英国香烟，穿着洁白的制服，绝对是令人艳羡的职业。加藤哲平还向他描述了他们在吴镇首府进行军事演习的场面，非常希望他能考入江田岛学校。单凭军演的那种磅礴气势已经让高野心潮澎湃了，如果将来能真正与敌作战，报效国家，自己一直以来的夙愿岂不是实现了吗？这封信让高野五十六的理想更为坚定，成为海军军官的渴盼愈发强烈了。从此，他开始为自己的梦想而努力了。

1901 年，高野五十六以全班第 5 名的成绩毕业。毕业后，高野五十六没有给自己任何的放松机会，准备报考江田岛海军兵学校。当时日本众多青年学子争相报考这所学校，为了考进这所学校，日本各地设有许多考前的预备学校，如东京的攻玉社、海城高校；神奈川的湘南、横须贺、逗子开成高校；广岛的修道高校等。可高野五十六没有经济条件去预备学校接受考前辅导，只能靠自己拼搏了。

为了寻找一个安静的学习环境，他来到了自己姐姐嘉寿子家。嘉寿子是兄弟姐妹中最疼爱他的，比他大 18 岁，当时嫁给了长冈藩的学校教员高桥牛三郎。婚后没有生育，所以把高野五十六当作自己孩子一样照顾。得知他的理想后，她全力支持弟弟备考，给他准备了一间安静的房间。

在备考中，高野五十六发扬了长冈精神中的务实进取精神。在盛夏的闷热天气里，大家都外出乘凉时，他仍坐在房间里安心读书。他时而思考，时而背诵，时而演算，不觉间衣服已经被汗水浸湿。经过几个月的精心准备，高野终于在 7 月 9 日通过了考试。他的入学各科成绩分别是：代数 79 分，几何97分，算术100分，三角95分，汉语70分，作文90分，英译汉78分，日译英71分，语法62分，总计742分。

该校重视数学、英语和汉语。数学是学习航海技术的基础，海上出行必须有精密的计算。学习英语是为了建设一支国际化的海军，向英美等国学习先进技术。学习汉语为了与邻国中国广泛联系，为侵略中国做准备。高野五十六的入学成绩位列全校的第2名。距离他的海军梦想近在咫尺了。

1901年11月，高野五十六来到了他心仪已久的江田岛海军兵学校，成为该校的第32届学员，开始了3年的学习生涯。

该校成立于1870年。明治维新后，日本政府为了建立起世界级的强大海军，确立了培养海军人才的战略。日本兵部省制定的《大办海军方案》中特别强调指出："军舰的灵魂是军官，无军官，水手则无以发挥其所长；水手不能发挥所长，舰船将成为一堆废铁……教育海军军官是建设海军之头等大事。"明治政府模仿幕府的"长崎海军教习所"，在东京建立"海军操练所"，在此基础上建立了这所学校，更名为"海军兵学寮"。1876年，又改称海军兵学校。1888年，该校从东京筑地迁往江田岛，这就是著名的"江田岛海军兵学校"。该岛位于濑户内海南端，与日本著名的军港吴军港隔海相望，在行政上属广岛县管辖，距神户约150海里，是一处环境秀丽、幽静恬淡、适合训练之地。海军省认为，如果学校办在繁华的东京会引起学生们思想堕落，所以才搬到了江田岛。为了确保学校的学习环境，日本海军和当地豪绅们签订了协议，学校周围绝不能开设酒馆、妓院以及其他一切可能使人腐化堕落的场所。一直到1945年日本战败为止的57年间，江田岛都实现了承诺。

为了培养人才，日本海军省不惜重金从世界上最强的英国海军中聘请了以英国皇家海军军官道格拉斯少校为首的34名海军军官。他们在日本受到优越的礼遇。校方给他们提供了一个“原汁原味”的英国环境，学校建筑由英国人设计，风格完全仿自英国，就连建校舍的红砖都是一块一块地包好了从英国海运过来，一块砖要花 1 日元以上。这使英国军官有一种家乡的错觉，甚至都不愿意回国了，有人一待就是 17 年。这 17 年中，共有 69 名英国军官在海军兵学校做过教官。他们向江田岛海军兵学校传授了英国海军先进的技术和训练方法。为了培养国际化的海军人才，他们采用了英国教材，全部英文授课，要求学员必须用英文回答问题、完成作业，连学员查阅生词都必须用原版的英英字典来查，绝对不能看日文翻译。这给了学员们一种英文的思维方式。从江田岛海军兵学校毕业的学生，都讲着一口纯正流利的英语。英语成为一门必须掌握的基本语言。高野五十六在这所学校中，受到了这种英式的军事教育，能熟练地掌握和运用英语这门语言，这为他以后留学美国、游历欧洲、赴英国谈判奠定了坚实的语言基础。

在江田岛海军兵学校里，对武士道精神的推崇到了无可附加的地步，被称为江田岛精神。他们宣扬要忠于天皇并为天皇献身的精神，宣传侵略扩张思想，鼓吹战争至上论，并把它贯彻在学员的日常教育中。学校举行升旗仪式时，都要向天皇画像行叩拜之礼。每个星期每个学生都要朗读和背诵天皇的《军人敕谕》。高野五十六能倒背如流，其中对“朕为汝等军人之大元帅，而朕亦赖汝等为股肱，汝等应仰承朕意，加深君臣之间亲密关系，朕能否答上天之惠，报祖宗之恩，均赖汝等军人能否恪其职守”感触颇深，认为效忠天皇为军人的天职。总之，入学后的高野五十六将“江田岛精神”作为自己的灵魂。

江田岛精神的贯彻体现在各种严酷的训练中。江田岛海校素来以管理严格闻名于世。除了日常的各种训练外，还经常进行严酷的体能训练，如各种剑术、柔道、相扑等体育运动，通过竞技来磨炼他们的意志，坚定他们的信念。为训练学员，该海校还将日本海军上将、被日本奉为“军神”的东乡平八郎所写的“五省”作为对学员的训令。其内容是：“至诚不悖否？言行不耻否？气力无缺否？努力无憾否？亘勿懈怠否？”学校要求每个学员都要按这“五省”每天睡觉前进行逐条的深刻反省，找出差距和不足，时刻以高昂的精神风貌来克服一切困难，迎接挑战。

高野五十六在江田岛海军兵学校这所军国主义的摇篮中，武士道精神进一步强化。同时他经过严酷无比的军事和体育训练，体魄更为强健，内心更加顽强了。他继承、发扬了长冈精神中刻苦、务实、进取的精神，在学校里严肃认真，待人诚恳，发奋图强，成绩优异，赢得了师生们的尊敬，被誉为“长冈武士的榜样”。经过 3 年的学习生活，他被提升为第 9 分队的队长，在学校组织的黄海海战和攻击旅顺的模拟训练中有良好的表现，被人称为“顽强的五十六”。他在这所人才济济的学校中，已经表现出了优秀的素质和能力。

/ 日俄战争中的功臣 /

1904年，在高野五十六毕业前夕，日俄两国为争夺中国东北和朝鲜半岛的霸权在中国东北的土地上发生了一场恶战。

日俄矛盾在近代日本崛起后就产生了。明治维新后的日本发展资本主义，国力迅速增强，试图通过侵略扩张，建立一个强大的军国主义帝国。通过1894年发动的甲午中日战争，日本不仅获得了2.3亿两白银的巨大收益，还将中国的台湾岛及所有附属岛屿、澎湖列岛和辽东半岛据为己有。但这却侵犯了中国另一个强大的邻国——俄国的权益。俄国觊觎中国东北已久，自近代以来，通过与清政府签订的一系列不平等条约，从中国强占了100万平方公里的领土，企图在中国东北与朝鲜建立势力范围，建立一个"黄俄罗斯"。不承想，悄然兴起的日本却也将目标对准中国，通过甲午中日战争夺得了辽东半岛，这使俄国感到在东北的权益受损。《马关条约》签订后，俄国伙同德国与法国全力干涉，迫使日本把辽东半岛还给中国。"三国干涉还辽"事件对日本来说是一个奇耻大辱，本已到嘴的一块肥肉却失去了。但俄国却以此邀功，迫使清政府允诺他们长期租借旅顺、大连之海港，随后垄断东北交通线。日本政府提出了复仇口号，在全国扩充军备，号召国民节衣缩食，卧薪尝胆，励精图治，争取10年后再战。

日本一直在寻找机会一雪耻辱。1900年7月，俄国趁八国联军侵华时入侵中国东北，但事后拒不撤兵，进而掌控了东三省，这强烈刺激了日本。新仇旧恨交织在一起，为夺取远东霸权，日本决定与俄国一争雌雄。当时的日本经过10年的战争准备，到1904年日俄战争爆发的前夕，日本的陆军已拥有步兵156个大队，骑兵54个中队，野战炮兵106个中队(炮636门)。其中派遣到台湾有2个混成旅团，在朝鲜有1个步兵大队，在中国华北有步兵7个中队，战斗员大约有20万人。另外，还有后备步兵94个大队，骑兵7个中队，炮兵4个中队，工兵13个中队。同时，日本海军的扩充计划已经大体完成，有40艘军舰、19艘驱逐舰、28艘鱼雷艇和3艘通报舰，排水总吨数为234240吨。准备参加对俄战争的战列舰8艘、巡洋舰23艘、海防舰2艘、炮舰7艘。

在对俄作战中，日本意识到制海权的决定性意义，对海军军官的任命格外慎重。他们重新组建了3支舰队，任命东乡平八郎为日本联合舰队的司令长官。

东乡平八郎可谓日本军国主义的急先锋。他曾在明治政府成立之初作为最优秀的海军军官选派到英国留学深造，在“汉普郡”“乌斯特”等舰上实践学习，7年中掌握了军舰的建造、驾驶及海军的各种技能，回国后担任多艘军舰的舰长、参谋长等职务。1894年，他参加了中日甲午海战，袭击了中国北洋海军，以其驾驶的“浪速”号巡洋舰右舷的6门大炮和鱼雷击中运输清兵的“高升”号商船，并对沉船落海的清兵进行血腥屠杀，致使“高升”号上的700多名清军官兵全部殉难。在中日双方激烈的黄海海战中，东乡平八郎指挥“浪速”号巡洋舰随第一游击队做高速而灵便的机动，使北洋舰队遭受重创。经过20多天的作战，日军将北洋舰队歼灭于威海卫军港。1900年，他担任日本海军常备舰队司令官，率舰队参加了八国联军的侵华战争，镇压过义和团运动，是一个双手沾满了中国人民血迹的杀人恶魔。因其一系列的“战功”，他在日本的地位日趋上升，晋升为海军少将、中将、大将。在日俄战争前夕，他被任命为日本联合舰队司令长官。

日俄海战中，在东乡平八郎的指挥下，日军从一开始就掌握了日俄战争的制海权。2月8日夜，他们偷袭了停泊在中国旅顺港内毫无准备的俄国太平洋舰队，发射多枚鱼雷，重创俄军3艘战舰。2月9日，日巡洋舰队袭击朝鲜仁川，迫使停泊于此处的两艘俄舰自沉。接着，日本陆军相继从朝鲜半岛及中国辽东半岛大批登陆，海陆军对旅顺口的俄军实施了海陆夹攻，使俄国海军驻中国旅大地区的太平洋第一舰队几乎全部损失殆尽。东乡平八郎的联合舰队取得了辉煌的战果。

日军节节胜利的消息传到日本国内，民众举国沸腾，东乡平八郎被神化为“海军军神”，江田岛海军兵学校的学生更是将其作为偶像崇拜。高野五十六和众多的学员们心潮澎湃，纷纷表示要参加对俄战争，在战争中建立功勋，真正实现军人的价值。这样，刚刚毕业的高野五十六也满怀激情，以一名少尉候补生的身份参加了日俄战争。

此时，俄国驻旅顺的太平洋第一舰队已经被日本海军歼灭。高野五十六正在为遇不到敌手而扼腕叹息的时候，传来了俄国的主力舰队波罗的海舰队即将到来的消息，高野五十六一阵兴奋。他被编入到东乡平八郎直接指挥的第 1 舰队，期待着自己能在“海军军神”的指挥下从事对俄作战。

在战争面前，每个参战的人都知道自己是生死未卜的。高野五十六给家乡的父母寄了一张照片，在照片后面写上了临战前的豪言壮语：“生死有命不足论，唯有鞠躬报至尊。”表达了自己忠孝不能两全的矛盾心情。

1905 年 5 月 27 日，日俄战争的决定性战役、世界近代海战史上著名的海战——对马海战开始了。高野五十六所在第 1 舰队的“日进”号装甲巡洋舰也参与了作战。

凌晨，日本联合舰队得知俄军从波罗的海增援的太平洋第 2 舰队正驶向对马海峡方向。太平洋第 2 舰队是波罗的海舰队临时拼凑的，由俄海军上将罗杰斯特文斯基率领，由波罗的海出发，途经北海、大西洋、印度洋和南海，前往远东增援旅顺的太平洋第 1 舰队，旨在与其汇合，重新夺取制海权。他们的航程 18000 海里，几乎是横渡了半个地球。经过了 8 个月的长途跋涉，人员疲惫，舰艇亟待休整。与此相反的是，日本联合舰队早在 1905 年 2 月就集中到朝鲜半岛的南岸镇海湾开始了紧张的训练。所以，这次攻击俄国的增援舰队，他们有充足的准备。对马海峡在朝鲜半岛和日本本州之间，东乡平八郎已经预计到这里是太平洋第 2 舰队增援的必经之地，故以逸待劳，准备一举歼之。东乡平八郎下令第 1、第 2 舰队从镇海湾进入日本海，其旗舰“三笠”号战列舰升起了“皇国之兴亡，在此一战，全体兵员要更加努力奋战”的信号旗，率领舰队迎击沙俄舰队。

下午 13 时 45 分，两军舰队在对马海峡的冲岛附近相遇了。参战的日本舰队有 4 艘战列舰、23 艘巡洋舰、20 艘驱逐舰、4 艘通报舰、4 艘炮舰、14 艘鱼雷艇、24 艘辅助舰；俄国舰队有 8 艘战列舰、9 艘巡洋舰、3 艘海防铁甲舰、9 艘驱逐舰、8 艘辅助舰。二者比较，日本舰队在装甲方面、编队航速及炮火威力方面均占优势。

当时俄国舰队正排着整齐的三列纵队缓缓前行，航向东北，日舰队航向西南，双方航向交错。14时5分，东乡平八郎做了一个战略上的大冒险，所乘的“三笠”号突然率舰队调头向正东，即俄舰队的斜前方压去。这就是史上著名的U型大转弯。定点转弯时为俄国人提供一个射击机会，3艘日舰受重伤，1艘丧失活动能力。其实，东乡平八郎是以日舰队转弯的高昂代价达到了与俄舰队平行前进之目的，继而又利用舰炮的优势实施与俄舰队平行航向的舷向攻击行动。日舰冒着“苏沃洛夫”号的猛烈炮火向俄舰逼近。当距俄舰6500米时，日舰集中火力炮击俄旗舰“苏沃洛夫”舰，致使该舰损失严重，俄国舰队司令官罗杰斯特文斯基和舰长双双负伤，炮塔失灵，无线电被击坏，造成俄舰队队列混乱。接着，“亚历山大三世”号和5号舰“奥斯利亚比亚”号等主力战舰相继被日军炮弹击中。经过一个昼夜的激战，俄国太平洋第2舰队几乎被全部歼灭，38艘军舰有21艘被击沉，俄军损失战列舰8艘、巡洋舰4艘、辅助巡洋舰1艘、雷击舰5艘和运输船数艘，9艘被俘，损失总吨位高达20多万吨；俄军官兵死亡4830人，被俘5917人。而日本联合舰队仅损失了3艘鱼雷艇，仅300吨位，另有117人阵亡，583人受伤。日本联合舰队取得了极其辉煌的战果。

初次参加实战的高野五十六任“日进”号装甲巡洋舰舰长的传令兵，同时负责记录该舰的作战情况，他目睹了日俄海战实战的激烈场景，内心无比兴奋。他所在的“日进”号是护卫舰队司令三须宗太郎的旗舰，故遭到了俄军炮火的集中轰击。当海战快要结束的时候，“日进”号被炮弹击中。只听见“轰”的一声巨响，一股巨浪袭来，高野五十六踉跄几步，左手手指一下折断了两根，同时左腿也被弹片削去了巴掌大的一块肉，挂在脖子上的记录板也不翼而飞了。看着自己的鲜血染红了甲板，高野五十六却没有一丝的惊恐，反而心中的自豪感油然而生。

据统计。“日进”号死伤了100名官兵，高野五十六也在实战中负伤，但他认为能为天皇效忠倍感光荣，认为这段经历非常难忘。以后，他撰文写道：

“我从海军军官学校毕业不久就碰上了日俄战争，作为一名海军士官，能够获得实战经验实在是幸运的。当时我受命在三须中将阁下乘坐的第一战队旗舰‘日进’号担任舰长的传令兵，在前舰桥写战斗报告是我的任务。

怎么也无法忘记，在敌舰队投降的前一天，即1905年5月27日，以国运相赌的大决战在日本海开始了。有不少战友受伤。就在那一天，一发炮弹飞来，被击中的舰桥碎片打伤了我的左腿，并夺去了我左手二指。在那一刹那间，我没有感到丝毫不安，只想到一个人在其岗位上应尽自己最大的努力。从那以后，虽然经过了30年的岁月，但这一信念一直未变。”

在横须贺海军医院住院期间，他曾作诗表达自己的感受：

伤口血已止
帕上依然留血痕
斑斑殷红血
乃我为国尽忠心
虽伤卧榻心亦宁

这一信念，正是高野五十六从小信奉的“长冈精神”“江田岛精神”，是不惜生命代价为天皇而战的武士道精神。多少年来，这一信念一直影响着他，支配着他，并在他的思想中进一步升华，成为他奋斗的精神动力。最后他晋升为日本的联合舰队司令，成为日本军国主义对外疯狂侵略扩张的马前卒。

37 年后，《日本时报与广告报》特意对日俄海战中负伤的山本五十六进行了迷信般的吹捧：

就是在这次具有历史意义的战役中，海军士官生山本失去了两个手指，要是他失去了三个手指，按规定他就不能留在海军了。可以说一个手指之差使这位士官生得以在 37 年后担负起了已故海军大将东乡相同的职责，因此人们可以称这是上天为促进日本国的事业而赐予的恩典。

因其在日俄战争中的卓越表现，1905 年 8 月 31 日，日本海军省授予他海军少尉军衔。1906 年 4 月 10 日，天皇授予他六等功勋旭日章，并颁发了奖金 350 日元。1907 年，又晋升为海军中尉军衔。

相关链接：

对马海战将大舰巨炮主义推向顶峰

19 世纪末，各国海军意识到大口径舰炮在海战中的决定性作用。认为要赢得海战，就要拥有更大吨位的战列舰、搭载更多的口径更大的火炮，使其威力更大、射程更远。这成为当时各国海军的主流思想。在日俄战争中的对马海峡海战中，这种思想得到了充分验证，从此形成了“大舰巨炮制胜主义”统治海军战略的时代。1906 年，英国建造出“无畏”号战列舰，各海军强国纷纷效仿，倾其国力建造搭载威力更大、射程更远、精度更高的大口径巨炮，展开造舰竞赛。大舰巨炮主义盛行一时。

对马海战第一次大量应用鱼雷

在世界海战史上，对马海战是第一次大量应用鱼雷的大规模海战。

当时，所有海军大国均采用自行推进的鱼雷，这种最新型鱼雷射程 500 米，航速 18 节。与此同时，早期鱼雷所使用的压缩空气推进系统也逐渐被电动机所替代。主力舰、驱逐舰和专门鱼雷快艇均可从鱼雷发射管或发射架发射鱼雷。

对马海战中应用鱼雷的战绩有：1915 年 5 月 27 日，日本驱逐舰发射鱼雷将俄国“苏沃洛罗夫公爵”号击沉，全舰仅幸存 20 人。俄国的“纳瓦林”号被鱼雷击中而沉没，“西京伊—维利基”号、“海军上将纳西莫夫”号亦被鱼雷击中，舰身被严重损毁，最后驶到对马岛搁浅自沉。日军发射的鱼雷对于彻底击溃俄国舰队起到了很大作用。

由于鱼雷只能进行近距离发射，因此鱼雷快艇在敌方强大的防御火力面前极其脆弱不堪。从 19 世纪 90 年代起，独立的大型鱼雷驱逐舰出现了，专门用来协同大型舰队进行作战。编队使用的驱逐舰已经成为海军舰队的主要突击兵力，打击敌人鱼雷舰艇的同时还要对敌舰队实施鱼雷攻击。其特征可以概括为：标准排水量为 1000~1300 吨，航速 30~37 节，多采用燃油的蒸汽涡轮机动力装置，装备 88~102 毫米舰炮以及 450~533 毫米鱼雷发射装置 2~3 座。事实上，从本质而言，驱逐舰就是一种大型的鱼雷艇，逐渐取代了鱼雷艇而成为一种海上鱼雷攻击的主力。

日本参战的有“春雨”、“晓”、“雷”、“夕雾”等20艘驱逐舰、14艘鱼雷艇，并在战争中发挥了很大威力。

/ 全新的生活 /

日俄战争中日本的大获全胜，让世界都为之震惊，日本打败了军事大国沙俄帝国，创造了黄种人打败白种人的神话。日本取得了对满洲、朝鲜等东北亚地区的控制权，同时也取得了太平洋西部地区的制海权，使日本海军在世界上的地位上升到仅次于英美的位置，成为第三大海军强国。日本国民一片欢呼和沸腾。参加日俄战争的高野五十六为能为国家民族而战深感骄傲，并立志要在海军事业上大展宏图，实现人生抱负。

1907 年，高野五十六进入海军炮术学校，后转入海军水雷学校，具体掌握和研究海军的各项技能。1909 年，他升为海军大尉衔，并任训练“宗谷”舰队的指导官，负责远洋实习的少尉候补生的业务指导工作。他曾随舰队远航到中国的珠江口和广州湾一带，并到过北美、澳大利亚，感受了世界各国的风土民情。他幻想着日本能扩展疆土，成为全世界的主宰。与此同时，他严格要求自己，努力学习技能，希冀着取得更大的成绩，从而为日本跻身于世界强国做出自己的努力。

高野五十六与“宗谷”舰舰长铃木贯太郎大将关系非常融洽。铃木贯太郎也毕业于江田岛海军兵学校，担任过日本海军的海军军令部部长和内阁大臣。铃木最初作为少尉候补生实习航海时，曾得到过高野五十六堂兄野村贞的指导，将其视为老师，是他一生中较为尊敬的人。野村贞曾在甲午中日战争中指挥“高千穗”号战舰战功卓著，与东乡平八郎并称“日本海军之双臂”，在日本海军界很有影响。高野五十六因其堂兄的关系，得到了铃木的关照，以后逐渐获得他的赏识。高野五十六沉默寡言，认真指导候补生，默默地履行分队长的职务。他平常在指导会上也很少发言，但一旦开口，即观点明确，坚持己见，让人不得不采用其意见。所以，铃木回忆时说，高野五十六最引人注目的是其深思熟虑而果敢行动的性格。

一年多的实践经验让高野五十六得以充分锻炼，同时意识到，自己学识有限，必须还要继续深造。1910 年，他考取了海军大学乙种学生。乙种学生是有海上服役 1 年经历的校官或大尉，主要学习舰炮、水雷和航海。他毕业后，进入海军炮术学校高等科，后任海军炮术学校教官兼分队长、海军经理学校教官、佐世保预备舰队参谋、横须贺镇守府副官兼参谋。1914 年，他又被海军大学录取为甲种学生。甲种学生要求有 2 年以上航海经历，身体健康、业务成绩优异，富于敏锐判断力的大尉，学习舰炮、水雷、航海等高等学科。1915 年 11 月，他作为海军陆战队成员，参加了第一次世界大战，并在攻打中国胶州半岛的战役中有良好的表现，又被授予四等瑞宝勋章、大正三～四年战役从军纪念章。1916 年，高野五十六海军大学毕业，出任海军第 2 舰队的参谋。1917 年，在海军军务局任职，兼任海军教育本部部员、海军技术本部技术会议委员等职。他一路顺风顺水，仕途一片光明。

高野五十六在日本海军的发展势头，引起了故乡长冈人的关注，认为他是振兴长冈的希望。于是开始策划高野五十六改姓的活动，让其过继给长冈望族山本家族。

山本家族世代为长冈藩的家老，食禄1300石，包括高野家族在内的长冈武士都推崇山本家族为长冈武士的总头领，地位显赫，受人尊敬。到了山本带刀这一代，日本发生了明治维新，武士阶层的利益受到侵犯。为了维护自己的利益，长冈武士同政府进行抗争，1868年发生了著名的戊辰战争。在这次战争中，年仅23岁的山本带刀率领全体长冈武士与明治政府军队展开了决战。但在若松城南边的饭寺村被俘，他拒绝投降，终被政府军斩首。为防止其家族再次兴风作浪，山本家名被政府废止。他的妻子又许配给藩士陶山万卫，改姓了富士。他的女儿不久远嫁他乡。

为稳固统治，不久，明治政府对戊辰战争中的叛军做出了宽大处理。1884年，政府特颁布法令允许山本家名再兴。1889年，明治宪法颁布期间，政府实行大赦，山本带刀被免去叛国罪名，家业由长女继承。

按照长冈的传统，家业必须由儿子继承。山本家族只有女儿，没有儿子，仍然属于后继无人。为了让山本家族复兴，长冈的旧武士们开始挑选继承人，他们将眼光投向了发展势头正猛的高野五十六。

自从高野家族祖先高野荣轩与山本老于齐结为刎颈之交以来，高野家族同山本家族世代友好。可以说，高野家族的兴盛和衰败都是与山本家族联系在一起的。从这一点来看，继承山本家衣钵之人应该从高野家寻找，高野五十六则是最佳人选。

高野五十六是武士的后代，具有极强的武士道精神和健康的体魄。这个时候的他，年轻气盛，意气风发，在海军中崭露头角，已经是日本海军的少佐了，并多次立功受到嘉奖。同时，高野五十六还受到了正规的、系统的教育，从长冈中学、江田岛海军兵学校，到海军大学，使他逐渐形成了勤学好思、务实进取的性格，是一名前途光明的海军军官。长冈藩的旧武士以牧野忠笃为首，认为继承山本家族衣钵非高野五十六莫属。为此，他煞费苦心，动员曾担任过高野家长老的田中浪江、山本家的旧臣渡边廉吉等人，共同做高野五十六的工作。

高野五十六是个绝顶聪明的人，他知道继承山本家衣钵对他来说意味着什么。山本家是长冈地区的最大望族，是他心目中具有武士道精神的杰出典范。如果自己是山本家的子孙，他的头上会环绕着山本家的光环，身份会更加尊贵，前途也会更加光明。他需要这种身份，需要这种地位，需要让那些显赫的光环照耀着自己。于是，他答应了。

1916年5月19日，高野五十六在其兄高野季八的主持下，改姓山本，从此名为山本五十六。

山本五十六改姓后，继承了山本家所有的财产——仅有一套褪了色的破旧麻质武士礼服和位于长冈市稽古町长兴寺的墓地。有人不解，就凭这点微不足道的财产，过继给山本家值得吗？山本五十六没有在乎这些，那种“燕雀安知鸿鹄之志哉”的回答在内心回荡，当然，他不想解释。

他祭拜了山本家的祖先，将其祖先的法号、戒名全部书写下来，并在长兴寺做法事道场，以表纪念。他还清理了山本家的墓地，把经过戊辰战争荒芜了很久的墓地打扫干净。

山本五十六认为，从32岁改姓山本后，他就要开始自己全新的生活。他要求自己在山本家祖先的光环下更加努力，“不辱”名门，施展自己的远大抱负。

要想开始全新的生活，山本五十六意识到，他应该有一个稳定的家庭了。这些年来，他一直致力于事业追求，磨炼自己成为真正的军人，艰苦奋斗，无暇他顾。因家庭贫困，他在海军服役的薪水几乎都寄回家里，经济状况的窘迫让他感觉无力成家。时光倏忽而过，转眼间，山本五十六已经到而立之年。儿时的伙伴们早已娶妻生子、儿女满堂了。有得必有失，他一方面感慨着上天的赐予，另一方面希望能尽快找寻一位勤劳务实的妻子，使其能为山本家族传宗接代。

海军各部门的同事及长冈的武士们纷纷帮助山本五十六物色人选，候选人选多是出身名门的女子，山本都婉言地拒绝了。最后他对好友堀悌吉介绍的一位叫三桥礼子的姑娘产生了兴趣。

堀悌吉是山本在江田岛海军兵学校的同届同学，他们是最好的朋友。同为海军学校的佼佼者，堀悌吉晋升中将比山本还早一年。他们的思想观念有着惊人的相似，是可以坦诚交心的好友。一直到山本战死，他们都是心灵相通的最好知己。所以，山本认为，对于这样一位让自己敬重的好友，他所介绍的姑娘应该是值得考虑的。

这位姑娘叫三桥礼子，是堀悌吉的一位好友的远房亲戚的女儿。她出生在会津若松的一个士族家庭，明治维新后，其父三桥康守专营畜牧业。礼子本人身高仅有 1.54 米，貌不惊人，才不出众。从家庭、相貌上来说只能称为一个普通女子。而山本一个有前途的海军军官，为何能选择礼子呢?

从山本五十六给兄长的信中可以看出其择偶标准和各种考虑的因素。他这样写道：

此人1913年毕业于会津女子高中。毕业后，一直代替女佣帮助母亲料理家务兼干杂活。没去过东京。体质健壮，出身贫寒，能够吃苦。

牧野家曾给我提过一两次亲。前任次官铃木和其他几位老前辈也常常劝我早日定亲。但直到前几天获得您的允许之前，我一直没有下定成亲的决心。再者，以前所提的几个人，多注重于家族的财势，或寄希望于我的腾达。像我这样白手起家的人，将来的命运如何尚很难预测。我以为，无论如何也是不般配的。我认为，这次所提的这个人，倒还可以考虑，所以想见见她，如果没有什么明显的问题的话，就打算定下来。

谨告上情。望能得到您的同意。

从信中可见，山本五十六将重视的“务实之风”也贯彻到婚姻的选择上。他不选名门之女，不选寄希望于他腾达的女子。他认为自己家境贫寒，与那样的女子并不般配。而这个三桥礼子家风朴实，身体结实，能够吃苦耐劳，倒是符合他的择偶标准。他只想找一个持家过日子、踏实肯干的妻子。在接触中，山本还发现她性格大度、贤惠、善解人意。据说，他们一次乘车游玩，当时天气炎热，山本五十六酷暑难耐，不禁在车上打起盹来。睡梦中感觉有一股冷风袭来，他顿时感觉浑身清爽，如入仙境一般。睁眼一看，原来礼子一直在为自己扇扇子，用凉风帮他解暑，这让山本深受感动。

还有一个原因是礼子为会津若松人，而这个地方正是自己特别怀念的一个地方。在这里，长冈武士们在戊辰战争中奋勇作战，流下鲜血。他的父亲、大哥、二哥均在此负伤，他的养父山本带刀也是在此地被斩的。所以，山本对长冈武士鲜血和英魂浸染过的会津若松有着一种特殊的情感。是悲伤抑或亲切？山本说不清，但冥冥之中，总觉得与这里有着一种说不出的联系。他和礼子见面后，特意参拜了饭寺村安葬山本带刀的“无名英雄之墓”和若松市为供奉在会津平原阵亡的长冈藩官兵而设立的阿弥陀寺。于是，他对这位会津若松出生的姑娘，好感便油然而生了。

相亲之后，山本便给礼子写了一封信：

钝笔谨致亲切的问候。天气日渐炎热。与大家分别后，吾的身体一直很好，特此告知于你请勿挂念。

我们的事由于诸位好友的热心帮助，进展顺利，可谓一切如意，吾深感慰藉。倘你同意，吾今后将不会再另有所爱，吾已对你倾尽肺腑之言，望你亦如吾，尽你所欲言，不必羞怯，倘能如此，实符吾心。

可能因为年龄原因，34 岁的山本五十六和三桥礼子见了几次面就匆忙地定下了婚事。1918 年 8 月 31 日，山本五十六与三桥礼子在东京芝区水交社举行了婚礼。当时山本 34 岁，礼子 22 岁。婚后，他们共育有 4 个孩子——长子义正、长女澄子、次女正子、次子忠夫。

和其他情侣比起来，他们步入婚姻殿堂过于匆忙，其婚姻中似乎缺少一些浪漫，缺少了热恋中的花前月下、海誓山盟、卿卿我我，以至于后来山本曾羡慕过其海军部下的爱情，发出过“你们是经自由恋爱而结婚，情投意合，多好啊！我是无可挽回了！”的感慨。

这是否为山本真实的话语我们不得而知。但从山本五十六婚后的感情生活来看，他对于婚姻的选择过于务实，有些草率，似乎少了些许爱情的元素。

他和礼子在婚姻中是聚少离多。他们新婚才八个月，山本就被派往美国。之后，由于山本所担任的职务和工作的需要，他们经常分居，婚后的十年中，他们分居的时间有一半之多。礼子经常孤独地度过许多个日日夜夜。以后，孩子们的接连降生，礼子家务事增多，和山本的交流与沟通越来越少了，不可避免地产生了一些隔阂。

虽然丈夫山本五十六常年不在身边，但礼子勤劳能干，许多时候担当起男人的职责，默默地承担了一切。对于三桥礼子，山本五十六最好的朋友、也是他婚姻的牵线人堀悌吉这样评价道：

山本的妻子在日本这样的国度里，堪称是一个贤妻良母。山本当然也是一流的人物，然而，相比之下，他的妻子显得更为出色。因此说，礼子是日本名副其实的一流女性。

可是，山本五十六对于妻子礼子的这些优点，已经习以为常，婚后就理所当然地忽视了这些优点。山本不喜欢带着妻子在公开场合露面，当他的部下向他询问夫人的情况时，他总是敷衍过去，言语中对妻子没有一丝关怀的意味。

相反，山本五十六对妻子的粗心、不够机灵表示出不满。有时家里来客人时，帮助客人削苹果皮这样细节的事不得不由山本亲自动手，他对礼子的粗心无可奈何；礼子经常忘记帮助山本清洗衣服，所以山本经常让一些艺妓们帮他缝补衣服或者清洗衣服。

而礼子呢，曾痛苦地和别人说过：“这么多年来，他竟一次也没能陪我一起出去散散步。”礼子善良朴实，但作为女人，也希望丈夫陪在自己和孩子身边，一起分担家中的喜怒哀乐，一起走过风风雨雨，但是，山本却不能圆她的梦。

随着时光的流逝，两人婚姻生活越来越平淡了。

/ 情感世界 /

在山本五十六和三桥礼子结婚后的第十四、五个年头，在山本的感情生活中出现了一个情人——河合千代子。

河合千代子是一个艺妓，艺名梅龙。1904年出生于名古屋，父亲是东京一家公司的股东，家境还算富裕。不幸的是，1923年东京铠桥一带的大地震却改变了这一切。父亲的店铺因此破产了，不得不举家迁往家乡名古屋一带，生活由此陷入贫苦状态，以至于产生了全家要一起自杀的念头。

更雪上加霜的是，千代子的母亲两年后病故了，处于悲愤之中的父亲没几年也随之驾鹤西去。千代子举目无亲，孤苦伶仃，只能再度返回东京。在这里，她和盛冈市的一个马贩子关系暧昧，后来感情破裂，来到了新桥。

新桥是日本有名的艺妓云集之地，许多达官贵人经常光顾这里寻欢作乐。为了生计，千代子不得不当起了艺妓。

此时，千代子已经28岁了，虽然模样俊俏秀丽、颇有几分姿色，但此时青春的容颜即将逝去，况且她的歌舞、三弦并不娴熟，技艺也并不超群，想在这里立身谈何容易。但她靠着自己的努力，逐渐博得了人气。因为她待人和气，心地至诚，又很机灵，懂礼貌，很快在新桥男人中有了市场。

1933 年夏天，在筑地的“锦水”饭店宴会上，千代子与山本五十六相识了。

当时的山本五十六任第一航空战队的司令长官。席间，因山本打不开汤碗盖，千代子主动上前帮忙，无意中发现了山本五十六左手缺了两个手指头。就在她愣在那里不知所措时，山本打破了这种尴尬，马上回应道：“谢谢！还是让我自己来吧！”这是他们之间的第一次见面，没有交流几句话，但彼此都留下了深刻的印象。

一年后的一天，他们在“蜂龙”饭店再次相见。可能是彼此早有倾慕的因素在内，这次见面后，他们之间建立起了一种特殊的关系。山本和千代子开始频繁地约会，一起进餐，一起看爱情电影，很快坠入了爱河。

可惜，山本很快要被派往伦敦。在他临行前，他满怀依依惜别之情，给千代子写了一封深情的信。信中这样写道：

回忆这如同在梦境中度过的三四年中的往事，特别是在想到今后的十年、二十年、三十年的未来的时候，不能不让人感到：人生如梦转眼就是百年。什么功名、富贵、爱情、憎恶，这一切的一切，不过都是过眼烟云，就像晨露一样，转瞬即逝，似有若无。

想象得出你是如何的寂寞、孤独。有许多人，自从他们来到人世，就受着世俗观念、社会羁绊的束缚，饱受痛苦，欲死不能。他们犹如沦落天涯的孤儿，连仁慈的上帝，也不把他们视为宠儿，去怜悯、同情他们。每当我想到这些，深感人生的一切，不过是虚幻、无聊。

在道理上，虽然的确如此，但在现实生活之中，我又因同你结识，得到你的温暖和理解，而感到幸福。我把你视为我的娇妹、知音，当然也是情人。你身体的瘦弱，使我深感不安。在这里，我用“不安”一词，绝不是简单地模仿你和你的先生，而完全是站在你的角度上来衡量我。在客观上，也是发自我内心的自我反省，或者说是自我嘲讽。

每当我想到你那娇艳多姿的身影，就使我无法抑制内心的眷念之情。相信你能理解，我之所以决定前往伦敦，完全是出自于甘愿担负起国家兴废、民族图存重责之心。那时，虽然我们就要分离了，但我们之间急速发展起来的炽烈的感情，还是使我无比兴奋，热血沸腾。眷恋的烈火在不断地燃烧着我的身心。到了伦敦之后，我不得不把全部心神都倾注在会议之中。遗憾的是，随着时间的推移，特别是回东京之后，我才发现，不用说一般的社会舆论，就连海军中的上层，对会议也不感兴趣，漠不关心。派我前去，不过是应景而已。这怎能不使我心灰意冷呢！在东京工作，实在感到苦闷、无聊，难以忍受。

实际上，是你的力量，倍增了我慰你之心。我恨不得插翅飞入你的怀抱，为你减轻孤独寂寞之苦。但有时我又感到，我作为一个须眉男子，在你面前表现得那样脆弱温柔，又未免有些难为情。因此说，一定会有辜负你的信赖和期待的地方，这也正是我痛苦之所在。

以上肺腑之言，我只能直言于你，千万不能泄露出去。

与千代子的热恋，让山本体会到了爱情的甜蜜。当然，他也意识到，这桩婚外恋情发展下去，对自己的家庭以及前途来说，都是非常危险的。于是他对千代子表示，自己是个军人，又没有钱，以后他们之间的交往，不应该超越一定的限度，最好是兄妹身份，彼此不要耽误对方的前程为佳。

但千代子已经看好了山本的前途，把山本当作自己的重生希望。她真心待他，不在乎他是否有钱，甚至把从别的男人那里赚来的钱都毫不保留地花在山本身上。许多艺妓嘲讽她，说她既有真情，也会做戏，算得上是两手齐备。但千代子付之一笑，并不作答。

随着他们感情的发展，千代子难以控制自己的感情，不满足于目前的身份了。为表达对山本的真情，她要求山本亲自为她剪“岛田”发型，表示已和山本结婚了，以后只属于他一个人。这令山本非常感动。

山本对千代子的感情迅速升温，年过半百的他内心深处那种并不曾有过的情愫被点燃了，忽然间充满了对爱情的渴望。山本陷入了爱情不能自拔，只要有闲暇时间，就与千代子在一起享受着爱情的美好。

1938年以后，为了长期陪伴山本，千代子用自己的积蓄，盖了一座新房作为艺妓馆，取名为“梅野岛”。这里便成了山本和千代子约会的欢愉之地。

山本在海军省任职期间，尤其中日战争爆发后，他几乎天天加班工作，没时间与千代子约会，千代子常常派佣人在周日为山本送去他爱吃的点心、醋拌生鱼片、饭团等。在山本遭右翼势力暗杀的那一段时间，两人虽然不能见面，但每天半夜，山本都要给千代子打电话，还唱歌给她听，将其内心的苦闷向她倾诉，以释放紧张的情绪。山本担任联合舰队司令时，千代子原来的朋友、后来嫁给某富翁的小梅将芝神谷町闲置不用的一幢房子让给他们，每逢山本上岸到东京时，那里就成了他俩的欢乐窝。山本的“长门”舰泊入横须贺港时，千代子便满怀期盼地到舰上探望山本，为他带去准备好的内衣、袜子，此外还精心地为他的副官和夫人们带去礼物。就是在山本策划进攻珍珠港紧张忙碌的前夕，1941 年 12 月 25 日，两人还特意在宫岛的岩惣旅馆约会。在中途岛海战前，患了肋膜炎的千代子拖着病体，去往吴市与山本约会。这让山本更为感动，两人甜蜜地度过了 4 个晚上，这成为他俩的最后一次见面。

1942 年 5 月 27 日，山本给千代子信中这样诉说情感：

你拖着病体，忍受着病魔的折磨前来会我，可谓情谊深重。你走后，我时刻都在思念你。现病情如何？但愿早日康复。

……正如你为我竭尽身心一样，我也在为国家而身遭厄运，来往于战火硝烟之中。但为了国家和民族，甘愿不辞万苦，视死如归……

我多么向往有那么一天，咱们能抛开世间繁缛之事，单独生活在幽静的环境之中，彼此形影不离。

……

再会，多多保重。

我在呼唤着你的名字，热吻你的照片，消磨着这难熬的时光。

可见，直到山本战死，两个人一直情意绵绵，如胶似漆。山本确实把千代子当作一种精神的寄托。在山本看来，夫人礼子所缺少的柔情和细腻，在千代子那里得到了补偿。

其实，山本五十六虽称不上是情场老手，但他并非是情感专一之人。在河合千代子出现之前，山本经常出入烟花之地，是新桥寻欢的常客。

在新桥艺妓中，山本是很有人缘的。有一个叫小贺寿的艺妓和他的交往很深。她曾说，山本最初给人的印象并不好，进一步交往你会发现，他虽然沉默寡言，长得也称不上英俊，但他是个很有趣很幽默的人。许多新桥的艺妓们都称山本五十六是有魅力的人。

当时山本五十六在新桥的艺妓中有一个绰号叫“八十钱”。因为山本在日俄战争中炸断了2个手指头，只剩下8个，所以每次让新桥艺妓修指甲时，按照每个指头10钱计算，山本只给艺妓“八十钱”。如果他长时间不来了，艺妓们会不自主地想起他来，便调侃那个“八十钱”到哪里去了。

经常出入花柳之地的山本越来离不开那些艺妓们，因为他觉得，只有这里才让他身心放松，心情愉悦。不久，一位叫鹤岛正子的艺妓走入了他的生活，有人说正子才是山本的初恋者，是山本的第一个情人，早在他结婚前就结识了。

鹤岛正子出生在日本长崎，真名鹤岛鹤。12岁那年，她在佐世堡的一家称为“宝家”的餐馆里与28岁的山本五十六结识了。当时的山本是佐世堡镇守府舰队的一名见习参谋，而正子是一名艺妓，绰号“小太郎”，她清纯可人，聪明乖巧，颇得山本的喜欢。山本经常带着她外出游玩。据说，他经常背着年少的正子哄她开心，给她买东西吃，还做出各种嘻哈的动作，逗得她前仰后合。在正子的内心深处，不由自主地喜欢上了山本，但是，她只不过是一个艺妓，不敢有非分之想。以后，因为正子一度去东京、新桥各地，他们之间才中断了联系。

几年后的一天，正子在佐世堡购物时，猛然发现轿车里走下来一个人，这个人正是她朝思暮想的梦中情人山本五十六。她又惊又喜，大声喊出他的名字。

山本起初没有认出她来。几年光景，正子已经出落成一个大姑娘了，她如出水芙蓉般，绰约美丽，楚楚动人。她浑身散发着女性的柔美，让山本五十六无法抗拒。

这次见面后，两个人开始频繁交往。在山本赴美国求学期间，山本经常给正子写信，或买东西寄给她。他们之间的往来达 30 多年，山本写给正子无数的情书，以表达他的想念之情。

那时，期盼山本的来信和等待与他见面，成为正子最为渴求的事。

但后来，山本与她见面的次数却越来越少，从最初的几个月，到后来的几年，甚至十年八年。她隐约地感到一种不安的因素，是不是山本另有所爱了？其实正如她所想，这个时候，因为河合千代子的出现，让山本五十六的情感有了新的归宿，自然而然对正子慢慢冷淡了。山本给正子的信件越来越少，见面更是遥遥无期了。

正子陷入了痛苦之中。但是，对山本五十六的爱让她无法自持，相反，变得越来越强烈。她关注着山本的发展，为他的升迁而喜悦，关注着他的一切信息。过了几年，她积累了一些财富后，经营着一家名叫“东乡”的小酒馆，以此谋生。

当得知山本成为日本联合舰队总司令时，她喜极而泣。一日，山本的旗舰“长门”号驶入别府港，为了能见到山本，她放下了小酒馆的生意，特地从佐世堡赶到别府港看望他。

对于正子的一片痴情，山本非常感动。他似乎为自己有了情人河合千代子冷落正子而愧疚，接下来的几天里，他尽量找时间陪她，和她一起去“三号屋”吃烤鳗鱼，一起散步。为了能哄正子开心，他忽然学起电影里卓别林的样子，在她面前走起了“八字”步，弓腿弯腰，滑稽可笑。让路过的水兵们都在怀疑这个人到底是不是一直严肃认真的山本统帅。这几天的时光，对正子来说，是她一生中最幸福、最浪漫的时光。从此以后，她再也没有见到山本。

痴情的鹤岛正子将山本五十六作为自己最爱的伴侣，一生未嫁。

山本死后，1954 年，《朝日周刊》专刊号把山本五十六写给情人河合千代子的情书公布于世，在社会上引起了轩然大波。这篇文章发表后，受打击最大的除了他妻子三桥礼子及其儿女外，应该还有深爱他的鹤岛正子。她爱慕这位海军统帅，愿意为他奉献一切，用她一生的时间精心地守护着这份“爱情”，但是她得到的却是一个又一个噩耗。先是山本的死讯，接着又是山本与河合千代子的恋情大曝光，她痛苦欲绝，精神几乎崩溃了。“二战”后，她极力避人耳目，居住在九州某城市的一个寒屋陋舍。她向上天祈祷，愿自己能在山本的忌日死去。1968 年，她带着遗憾离开了人世。

一些以前曾在海军服过役的海军们对山本写给千代子的情书也气愤不已。他们谴责山本说，那个时候，连给自己的骨肉亲人寄明信片都要遭到严格的限制，而山本作为他们的长官，在前线作战竟然给情人写这样情意绵绵的情书，还陪情人寻欢作乐，公理何在呢?

但是，也有一些人对山本的恋情持有同情态度。正如《朝日周刊》编者语所言：

提到《提督之恋》，无论是谁都会认为又是在写涅尔逊和他的夫人哈密尔顿的恋爱文章。恐怕谁也没有想到，山本元帅也曾有过同他们非常相似的秘密的恋爱故事。这里绝不是揭露性的报道，更不含恶意。因为“军神”——山本，也是个有血有肉的人，他同样也有七情六欲，我们只不过是像记录一般人的私生活那样，把他的私生活也记录下来而已。

一些人认为，对于一个常年在海上服役的海军将领来说，有一两个情人也是可以理解的。海军联合舰队参谋渡边安次替他辩驳，如果山本那样也算有女人的话，他可能起码有50个女人了。

山本五十六婚姻之外接连出现的风流韵事，对于家庭来说不啻于晴天霹雳，打击是不言而喻的。

礼子常年忍受着孤独、寂寞，承担起照顾家庭的重任，然而，山本连陪她散散步这么微小的要求都做不到，礼子原来以为是他性格使然，或者工作过于疲惫。当她知道丈夫将大部分的时间用于与情人花前月下时，她真的动怒了。山本五十六没有履行对她所说的“吾今后将不会再另有所爱”的承诺。在山本五十六荣升为日本海军联合舰队司令时，恰巧是山本和礼子结婚21周年的纪念日。在浩浩荡荡的欢庆队伍中，作为妻子的礼子却没有出现，据说她回娘家了，挑选一个这样重大的公共场合，或许是对山本的一种无声抗议吧。她也许并不知道，山本所乘的“海鸥”号特快列车专门为山本加了一节瞭望车厢，里面藏着一个人，那就是山本的情人河合千代子。山本早已经和她约好，让她陪同共同前往。这连山本的副官藤田原成也不知道。后来他回忆说，难怪离开东京时，长官表现得那样悠闲自得，丝毫也没有寂寞的样子。

在这种冷战的氛围下，作为长辈的礼子母亲出来调解了。她用讽刺的口吻，指责山本说：“五十六，你有出息了，步步高升，可我的姑娘还是老样子，想必是委屈你了，或许成了你的累赘。”山本没有辩解，顺手写了一首小诗给岳母，以示和好。

山本经常写信，但却很少往家里写，也很少往家里捎东西或捎信。但他对家庭以外的女性却从不这样，甚至可以说是非常关心和体贴的，给情人河合千代子和鹤岛正子的信件可谓堆积如山，即使在战争时期也不间断。为什么厚此薄彼，对夫人如此刻薄，漠不关心，恐怕只有山本五十六本人才能说清吧。

山本死后，三桥礼子被日本国人尊为“女元帅”，虽然没有得到丈夫的关爱，但算是得到国人的认可吧。

/ 另眼看世界 /

山本五十六在海军军务局任参谋后，又继承了山本家的衣钵，接着与三桥礼子结婚成家，可谓一切如意。在山本结婚刚刚 8 个月，就接到了日本海军省的通知，让他去美国留学深造。1919 年春，山本五十六踏上了他所向往的另一个国度——美国，开始了他为期两年的全新生活。

美国这个西方国家对他来说并不陌生。早在山本小的时候，姐姐嘉寿子经常带着他去附近一家教堂做礼拜。这所教堂有一位名叫纽艾尔的传教士，每次去的时候，山本总想起父亲和他讲过美国的野蛮人如何打开日本国门的。这个国家是如何发展强大的呢？山本对这个遥远的国度非常好奇，希望探索这个国家的神秘之处。于是，和这个传教士有了接触和往来。以后，山本考入了江田岛海军兵学校时，还将《圣经》一书放到寝室的桌子上，以便闲暇时间阅读，曾一度引起同学们的误解。面对同学们的质疑，他不以为然，一笑了之。虽然他没有成为基督教徒，但是基督教对他的影响很大，使之较早地接受了西方的先进文化。

这次被政府派往美国留学，是山本始料未及的。日本在取得日俄战争胜利后，对外侵略扩张的欲望更为强烈，野心更为膨胀。为了取得远东和太平洋地区的霸权，进而称霸世界，日本逐渐走上了军国主义道路。他们大批派遣人才到欧美等先进国家进行学习和考察，进而将其先进技术和文化带回日本，为本国的经济、军事发展服务。山本就是在这种背景下，作为日本的精英人才被派往美国的。他以日本外交官的身份前往美国，在哈佛大学深造。任务是学习英语，掌握美国的国情。

得到如此珍贵的机遇，山本抑制不住内心的喜悦。在去美国的“诹访丸”号轮船上，欧洲和美国的游客居多，为了打发无聊的时光，他们自发地举行了联欢活动。欧美人在活动中表现活跃，博得了大家的阵阵掌声。欢笑之余，大家发现唯独没有日本人表演。此时，山本勇敢地站出来，他一改往日沉默寡言、严肃拘谨的常态，在众人关注的目光下，他手扶着栏杆，做了一个标准的倒立姿势。在轮船行驶中做这种动作，如果一旦失手，就会重重地跌在甲板上，后果不堪设想。但山本毫无惧色，动作自如，连对面行驶过来轮船上的游客都不约而同地鼓掌为其叫好。在这种热烈的氛围中，山本又从服务员那里借来两个盘子，跳起了小时候在祭祀神社学过的“盘舞”，他双脚起跳，向前翻跟头，而盘子却稳稳地托在手掌中。这种出色的表演，令大家耳目一新，深深地被他的表演所征服，掌声和欢呼声此起彼伏。山本的表演，一方面来自于他内心的喜悦，另一方面，也凸显出他强烈的表现欲和日本民族好斗的性格。

经过长途旅行，轮船终于驶入了美国波士顿港，山本所向往的哈佛大学呈现在眼前。

山本五十六有幸成为这所著名学府中的一员。他正式注册英语“E”班学员，攻读英语。当时在哈佛读书的日本留学生有70多人，山本为其中勤奋读书的一个，他利用哈佛优越的条件认真学习，并获得优异的成绩。

山本向往西方文化，对美国总统林肯非常崇拜。到美国后，他读过三四本关于林肯的传记。以后，他曾向他的下属三和义勇推荐过林肯的传记，认为他在全世界是一个伟大的人物。他曾这样评价林肯：

他出身贫贱，在社会的最底层。书中有林肯在肯塔基州故居的照片吧？那样低矮简陋的房子，恐怕在我们日本也是很少见的。他就是出生在那样的贫寒的家庭里。直到他后来被暗杀，他始终是把“奴隶的解放、妇女的解放，也就是人类的自由和解放”作为自己的奋斗目标。他为此倾注了毕生的精力。一个具有正确的理想和志向的人，他自然会自信，坚信自己的奋斗方向和所从事的事业是完全正确的，有时甚至拒绝信任上帝。对一个人来说，错误和失误是难免的，这有时甚至可以成为别人对他更尊敬的因素，给人一种温暖、亲切的感觉，会更能博得人们对他的赞誉、拥戴、怀念和思慕。他是一位颇有人情味儿的人。正是因为这一点，他才能够去带领和领导别人。只有具有这种特质的人，才能以一种同情的心理去宽恕别人的过失，做到彼此互助。

可见，山本崇拜林肯，希望做一个像林肯一样受人尊敬的人。他树立起为日本民族奋斗的志向，并力图做到林肯身上的“自信”“温暖”“亲切”“颇有人情味儿”的特质。只不过，他选择的并不是为人类的自由和解放而奋斗的远大志向，而是一条狭隘的军国主义的不归之路。

在努力学习英语、吸收西方文化的同时，山本没有忘记此行的另一个任务——考察美国的国情。他试图改变自己不擅交流的性格，利用一切机会去接触美国各界人士，探知美国的风土民情。每天利用跑步散步、餐馆就餐、外出购物或周末旅行的时机，主动和美国人搭讪，天南地北地调侃，从中得知了美国的政治、经济发展等各方面信息。山本对美国的认识越来越深刻，同时也感觉到一丝恐惧，美国太强大了！

美国在第一次世界大战后，经济实力迅速增长。美国的贸易顺差从1914年的4.3亿美元激增到1917年的35.6亿美元，对外投资总额在1914~1919年翻了一番，由35亿美元增加到70亿美元。世界黄金储备的30%集中在美国人手中。第一次世界大战结束时，美国已从战前一个资本输入国变为资本输出国，由债务国变成债权国。到1924年，美国掌握的黄金总额已达世界黄金储存量的一半，控制了国际金融市场。世界的金融中心从英国伦敦转移到美国纽约，美国被称为世界的金元帝国。与此同时，美国的工业也飞速发展，汽车产量占全世界的85%，石油产量占66%，美国的国民财富已经超过了欧洲各国的总和。

山本意识到，虽然日本在明治维新后资本主义得到发展，也在第一次世界大战中受益，但对比美国的经济实力，日本与之差距太大了。此外，美国幅员辽阔、资源丰富也令日本岛国无法比拟。美国有铁矿、金矿、银矿、铜矿、石油等丰富的矿产资源。全世界一半的石油资源来自于美国。日本却是一个资源贫乏的岛国，地域狭小，没有美国这些得天独厚的资源和条件。此时的日本和美国在远东和太平洋地区的矛盾愈演愈烈，如果将来双方发生冲突，日本根本无法对抗美国这么强大的国家。

分析过两国差距后，身为日本的一名海军军官，山本五十六对美国的石油资源格外关注，显示出非凡的观察力和洞察力。石油资源，自19世纪中期就为照明、润滑油、内燃机燃料提供了宝贵的原材料，在20世纪后成为一种重要的战略物资，是各种军舰、飞机、汽车等军用设施的必备原料。日本在日俄战争后，确立起“八八舰队”的目标，即在太平洋地区建立一支以8艘战列舰和8艘装甲巡洋舰为主力的舰队。如果日本想建立起这么强大的舰队，缺少石油资源简直是纸上谈兵。在20世纪20年代初，山本就预见到石油将成为军舰的主要能源。当时，煤是军舰的主要燃料，在日本军界很少有人能对此做出这么正确的判断。

为了对石油资源有一个精确的掌握，他查遍了图书馆的各种文献、著述，如饥似渴地阅读最新的杂志和新闻报纸。在这种大量阅读中，英语水平也突飞猛进，每天的睡眠时间仅3个小时。

但是，山本知道，实践高于理论。他萌发出一个念头，他需要对美国石油资源进行实地的勘探和考察。

他向日本政府以“公出”名义申请去墨西哥石油考察的经费，但却没有获批。山本性格倔强，得不到赞助并没有影响他的计划，他打算自费前往。这种坚定的意志让大使馆的参赞美智雄很是欣赏，他慷慨资助一部分费用。山本带上了他自己平时省吃俭用的生活费，义无反顾地出发了。

到了墨西哥，山本接触到了日本驻墨西哥大使馆的武官山田健三。他和山田是同乡，都是新潟县人，山田和山本的哥哥还是日俄战争时的战友。如今在异国他乡相见，两人分外亲热。

山田健三是个性格直爽、放荡不羁之人，他在墨西哥期间赌博无度，但赌技不佳，最后连回国的钱都没有了。山本也是一个嗜赌如命的人，所以格外理解山田的苦衷。于是，他毫不吝啬地将自己的大部分钱都无偿给了山田，让其作为归国的费用，让山田感激不已。

可是，这样一来，山本的生活更是捉襟见肘了。他住在三流旅馆条件简陋的阁楼上，从不在旅馆进餐，每天只啃点儿干面包，喝生水，吃些香蕉果腹。在墨西哥生存都是个问题了。但是，即便这样狼狈，他考察墨西哥油田的想法没有任何的动摇，他认定有价值的东西是不会改变的。因为没有交通的费用，他只能徒步前往油田进行考察。他的举动曾引起了墨西哥警方的注意，怀疑他是日本的逃犯。墨西哥政府致函华盛顿日本大使馆，请求对山本五十六的身份进行查询。日本大使馆这才了解到山本五十六这个海军中佐在墨西哥的艰辛和不易，从而对其行为肃然起敬。

山本在艰苦的考察旅行中认为自己受益匪浅，他参观油田后感慨良多，在给家乡的哥哥的信中，他这样写道：

我为考察油田，来到了墨西哥的坦皮科市。这里的一口油井每天约产原油五百石（每石为 39.7033 加仑）。有的井已连续喷油 13 年。目前，每石原油售价一日元，出口税也是一日元。这在我们的家乡——越后——是不可想象的。

山本五十六以其惊人的毅力完成了对墨西哥油田的考察，写了许多关于其油田的考察报告，对其油田分布的详细位置、产量情况、销售情况等都有了全新的认识，这对他以后的作战思想产生了深刻的影响。对当今世界正在从煤和铁的时代逐步走向石油和轻金属（或飞机）时代的最新认识，就是山本在美国考察期间的切身感受。

这段经历对山本来说，是一个对自我的挑战。以后，他对在美国工作的外交人员这样说，在美国生活，不用一日三餐，省下的钱，可以到美国各地去参观，了解美国国情，多和美国人接触。这是山本在美期间总结的一些经验。

从美国考察留学中，山本对美国和日本的差距有着客观和理性的认识。他曾在华盛顿赏花时写道：

此地春意浓，
盛开嫣红吉野樱，
胜过“美八重”。
何谈艳樱唯和属？
笑叹和魂徒自封。

吉野樱是樱花的一种，八重樱是日本 300 多种樱花中最美的一种，花色瑰丽无比，重瓣花朵胜似牡丹，有牡丹樱之称。山本借用美国吉野樱与日本八重樱之对比，告诫日本人不能故步自封，要看到美国这个外面的世界，这里有许多日本大和民族并不知晓的另一个天地。

/ 参加华盛顿预备会议 /

虽然日本驻美国大使馆没有批准山本五十六申请赴墨西哥油田考察的经费，但他们从墨西哥官方那里得知，山本克服了重重困难，如乞丐般自费前往墨西哥考察。他们在震惊之余，也对山本所作所为由衷地赞赏。于是，他们开始关注和启用了这位海军中佐。1920 年 7 月，在美国留学的山本五十六接到通知，让他作为驻美大使币原喜重郎的助手，协助币原进行华盛顿会议的预备谈判。

这次华盛顿会议，与巴黎和会建立起的凡尔赛体系密不可分。

1919 年，第一次世界大战的战火余烟未散，英、美、法、意、日五大战胜国为了争夺胜利果实，确立战后世界的新秩序，在法国巴黎西南的凡尔赛宫召开了有 32 个国家参加的会议。他们围绕着对德赔款和欧洲安全等问题展开了激烈的争斗。经过了 5 个月的争吵，最后拟定了《协约国及参战各国对德和约》，即《凡尔赛条约》。该条约获益较大的是英国、法国和日本，却没有满足美国在远东和太平洋地区的利益诉求。

巴黎和会后，亚太地区形成美、日、英三国继续争夺中国和太平洋海上霸权的新局面。日本趁着“一战”期间西方国家无暇他顾之机，于 1915 年提出企图瓜分中国的《二十一条》。巴黎和会后，日本悄然获得了德国在中国山东的全部权益，占领太平洋上的加罗林群岛、马绍尔群岛和马里亚纳群岛。日本获取了在中国和远东的霸权地位引起了英国及美国的不满。美国发表声明表示，拒不承认日本抢夺的德国在中国山东的权益。英国虽然在战前与日本确立了同盟关系，但见到日本实力的迅速增长，也开始与美国接近，英日同盟逐渐瓦解。这样，英、美、日围绕太平洋地区的霸权展开了海军军备竞赛。1919 年，美国国会通过新的海军扩充计划，预定到 20 年代中期将建造大小军舰 75 艘，超过英国成为世界第一海军强国。日本也通过法案，要求海军实力达到对美国 70% 的比例，到 1928 年，日本将实现“八八舰队”的计划。英国长期以来奉行“双强标准”，即其海军实力必须等于其他两个海军最强国的总和，正酝酿建造 4 艘 5 万吨的超级主力战舰。三国展开了激烈的海军军备竞赛。

然而，军备竞赛巨大的军费开支使得三国都感到了财政压力。英国首先不堪重负，因为作为“一战”的参战国，其实力在战争中得以消减，军备竞赛更使其经济陷入了困境。日美两国也同样感到了财政危机。为了缓和军备竞赛，重新确立在亚太地区的势力范围和新秩序，美国邀请日本和英国，以及在亚太地区有利益关系的中、法、意、比、荷、葡在华盛顿举行会议。山本五十六就是在这种背景下，奉命协助驻美大使币原喜重郎进行预备谈判的。

山本接到任务后，马上进入紧张的工作状态。他负责为代表团做一些最繁杂的事务性工作，为华盛顿会议的召开做充分的准备。为了能使日本在谈判中获得最大利益，他需要不断查找资料，给币原喜重郎提出中肯的意见，为代表团撰写文稿，为此他经常通宵达旦地工作。尤其最后撰写文稿时，他连续工作了3天3夜，竟然面无倦色，令代表团成员无不惊叹。币原喜重郎称其为“一个不可思议的人”，连谈判对手美国的副国务卿戴维斯也称赞他是“一个了不起的家伙”。

说起他的了不起，是因为山本能审时度势，看清日美间的差距，要求放弃所谓的“八八舰队”建设计划，拒绝将美国作为假想敌。“八八舰队”建设计划是以加藤友三郎为首的海军中一些重要人物针对美国而提出的建设日本海军的庞大计划，已付诸实施并取得了一些成效。但日本为此也付出了巨大代价。仅1921年度，政府拨给海军的费用就占日本国家总预算的1／3。这一计划带来的直接后果是，使军事费用总额猛增到国家当时总预算的六成。这笔开支已经超出了国民所能负担的限度。鉴于此，加藤本人也不得不决心放弃这个计划。他希望找一个适当时机停止实施这个计划。这个想法在他参加华盛顿会议之前，就和代表团成员商量过了。山本对此非常赞同。“八八舰队”计划，只是为了防备美国西太平洋海域的海上力量的，试图与美国海军全面抗衡。这种以美国为假想敌的做法，以目前日本的经济实力来说是做不到的，对美作战简直是以卵击石，所以日本必须放弃以美国为假想敌的观点，放弃“八八舰队”建设计划。山本的观点在他起草的报告中详细加以说明了。

经过一年多的准备，1921年7月，关于限制军备及远东太平洋问题的华盛顿会议如期召开了。山本五十六因为提前回国没有参加会议，但是经过他前期精心的筹备工作，日本代表团已经做好了充分准备。而且，他的密友堀悌吉是代表团的成员，他的许多观点也是与山本沟通过的。从华盛顿会议签订的条约来看，许多方面都能体现山本五十六的想法。

1922年2月6日，美、英、日、法、意签订《关于限制海军军备条约》，即《五国海军协定》，条约规定各国主力舰总吨位限额，英、美各为52.5万吨，日本31万吨，法、意各为17.5万吨，即维持5∶5∶3.5∶1.75∶1.75的比例。同时规定航空母舰的吨位限额为英、美各13.5万吨，日本8.1万吨，法、意各6万吨。华盛顿会议是巴黎和会的继续与发展，它所确立的华盛顿体系是列强在亚太地区建立的战后新秩序。

虽然该条约限制了日本的海军力量，日本代表团还是接受了。山本的好友堀悌吉认为，日本接受的这个海军3.5∶5∶5的比例，无论是从国际的角度还是国内经济角度上说，都同样是挽救了日本。山本也同样持这个观点，他了解日本在海军扩张上的困难，又熟悉美国在经济上的强大，所以认为接受此比例是日本军人比较现实的一个选择，对日本来说未尝不是一个好事。

但是，这一选择却遭到了日本海军强硬派的反对。列席华盛顿会议的海军军令部部长加藤宽治回国后发表了坚决反对华盛顿会议决议的观点。

加藤宽治是“舰队派”核心人物，是日本海军首屈一指的炮术家，对美“七成论”的坚定维护者。他认为，日美海军为争夺太平洋的支配权以及围绕中国引发的经济战，必然导致日美海军的争霸战，而日本不利于持久战。美国工业实力雄厚，平时没有必要保持大军备，即使拥有与日本同等或劣等的常备兵力，仍能在战争爆发后及时扩充舰队，保障安全。而像日本这样在资源和工业上都居于绝对劣势的国家，如果平时不拥有强大的常备兵力，一旦危急就无所依靠。加藤宽治还声称，日本作为主权国家，本应享有与美国同等的军备，保持70%已是最大让步。如果作为作战用兵的一个参考，这个所谓“七成论”也没有什么大错，起码这个一定要维持相当数量的海军兵力的结论肯定受欢迎。加藤宽治在国内振臂高呼："对美国的战争开始于今日！我们一定要报仇！"他的观点得到了一些海军少壮派和一部分日本国民的支持。日本海军称之为"舰队派"。

与"舰队派"观点相反的则是"条约派"，代表人物是加藤友三郎、堀悌吉、山本五十六、古贺峰一、井上成美、米内光政等人。华盛顿会议后，"条约派"遭到"舰队派"的攻击，被认为是怯懦无能，看英美脸色行事，卑躬屈膝。回国后的山本五十六得知"条约派"和"舰队派"争论不休时，他绞尽脑汁，希望能找出一条能让两派都接受的折中的观点。如何缩小日美间的差距，是他一直思考的问题。

美国留学生活结束回国后，山本最初被任命为"北上"军舰副舰长。1921 年 12 月，又被任命为海军大学教军政学的教官。在这里，他将美国所见所闻进行梳理和消化，并体现在教学中，令学员们耳目一新。1923 年 7 月，他又奉命随海军参议官井出谦治考察华盛顿会议后欧美的现状，先后到了英、法、德、意、奥地利、美国及摩纳哥，又开始了他为期一年的考察之旅。

/ 疯狂的赌徒 /

山本五十六酷爱赌博、打赌，甚至胜过吃饭、睡觉，可以说嗜赌成癖。在日本的海军界，山本赌博之癖好几乎人人皆知。日本海军上将高木惣吉这样评论山本五十六的嗜好：

俗话说，人各有癖好，确实如此。山本提督也并非超人，当然也不例外。他好赌成癖，但从不计较胜负与输赢，这一点十分难得……将棋、围棋、麻将、台球、扑克、轮盘等他都会。就是在宴会等大的场合，为摆脱不会饮酒，不能陪大家干杯的窘境，他也要找人用纸或水玩极简便的纸上赛马游戏。倘若有那些年轻人或侍宴的美女们参加，他就押上五十钱的赌注，故意输给他们。

山本天生就是一个无所畏惧的赌徒。早在青少年时期，他就经常找人厮杀将棋。他性格沉稳，头脑冷静，勇敢凶狠，几乎是每场的赢家。在美国哈佛大学留学期间，他与同住一室的小熊信一郎的75盘将棋决赛给日本留学生留下了深刻的印象。

小熊信一郎的棋艺高超，经常与山本五十六相互切磋，不分伯仲。有一次，他提议为分出胜负，要下到筋疲力尽、手不能动弹为止。山本一阵兴奋，赌博是他的最大乐趣了。他立即给小熊下了战书，约定下周日晚9点开始比赛。决战那一天，日本留学生都闻讯前来助战。山本和小熊带着面包、水果等准备长时间厮杀。他拿出了事先做好的能记录100盘的记录表，胸有成竹地坐在椅子上，开始比赛。最初大家非常新奇，认真观看。只见山本一脸严肃状，时而眉头紧锁，时而陷入沉思，时而流露出得意的神情……每下完一盘棋，山本便不急不躁地将成绩和耗时记录在案。午夜时分，山本丝毫没有困意，作战正酣，而助战的同学们困意袭来，一个一个地离开了。直到第二天中午11点小熊推盘认输，两人才停止竞赛，所耗的时间整整26个小时，共下了75盘棋。在棋艺史上，这算是一次别具一格的马拉松式的比赛了。

山本“赌神”的名声由此传开了。他引以为荣，对各种技艺，如桥牌、扑克、围棋等都精益求精，不断地研究赌博方法，并乐在其中。

山本不仅对擅长的棋艺敢于赌博，就是对接受的新事物一样敢于冒险下赌注。在美国期间，山本经常去一个美国人家中做客。这个美国人擅长国际象棋，见山本非常感兴趣，便教给他基本规则。而山本触类旁通，一学便会，令这位美国朋友非常惊异。他主动提出，让他回去琢磨棋艺，一周后一决输赢，败者将在波士顿一流饭店请客。山本知道，要想与有多年棋龄的对手比赛取胜是不容易的，但那种好胜好赌的性格，促使他毫不犹豫接受了这个赌注。

到了比赛那一天，山本注意观察对方的棋力和习惯，沉着应对，以不变应万变，不管对方如何变化棋子，他都能轻松获胜。那个美国人不禁怀疑，眼前的这个人还是那个跟他初学棋艺的山本吗？他是不是具有了某种特异功能，或者神灵相助呢？他追问山本取胜的原因。山本总结到，要知己知彼，总结对方的棋艺，以胜者的心态，冷静地进行博弈。那个美国人听后，便心悦诚服地称其为“赌神”了。最后，他不得不兑现诺言，请山本吃了一顿大餐。这次，山本似乎有了一种在“战争”中靠战略方法取胜的兴奋和喜悦。

但是，对于赌博，山本认为是闲暇时间的一种休闲和对意志的一种培养，而不能以此玩物丧志、耽误工作。1928 年，在他担任“五十铃”号轻巡洋舰舰长时，面对舰上的赌风盛行之状况，山本深知赌博者的心理，并没有马上训斥和批评。他嬉笑着站在一旁观看，佯装不懂，并向部下求教。接着，他要求和部下赌一赌，决一胜负。结果不言而喻，山本凭着他出色的赌技，所向披靡，让官兵们惊叹不已。在他们正为输钱懊恼之时，山本召集了全体舰员会议。他讲道，这几天陪大家赌钱，赌钱确实很好玩。但是，他希望不要在操练时再进行这种赌博，为了帝国的海军事业，请大家要自律。他的语气平和中带有严厉，并将所赢之钱悉数还给他们。这样一来，屡禁不止的赌博之风被刹住了，全舰官兵们将精力全部投入到训练之中。

山本认为，人生需要一些赌注。所谓的打赌，就是遇到某种事或某个问题时，在双方各持己见僵持不下时，押上 10 美元或 10 日元，迫使自己对自己的观点或行为负责的一种游戏。这是山本总结出来的“打赌理论”。在这个理论中，他认为虽然赌博一部分靠运气，但是还必须进行科学的计算，当然，在每场结果公布之前，还需要长时间的等待和忍耐，需要沉着冷静，这对于性格的培养是至关重要的。

山本喜欢打赌。在山本刚走入海军岗位时，就经常和好友堀悌吉打赌。一次，“金刚”号和“比睿”号巡洋舰在伊势湾中用舰炮进行打靶演习中，堀悌吉认为一定能击沉靶舰，而山本则认为不能。在他俩争论不休时，山本决定以3000日元的赌注打赌。结果山本输了。这一赌注对他来说损失是惨重的。这是一笔巨大的款额，在当时可以买一幢高级房子了。但山本认为既然下定赌注就不能食言，坚持要分期付款，直至付清。好友堀悌吉拒绝接收，而山本一定要给，最后，他们决定将这笔钱捐赠给江田岛海军兵学校第32届毕业生学友会。

山本的好赌已经成了癖好，并在生活中显现出来。山本在美国当武官时，为了满足好赌的愿望，他把3个同僚拉到台球室内，并和他们打赌说，如果我输了，我给你们每人买一块金表。如果我赢了，你们要给我买一块。结果，山本赢了，得到了一块金表，他乐得合不拢嘴。这种赌博并不是按照理论行事，而是为了满足他喜欢娱乐的心理癖好。一位海军将领评价山本五十六是“日本海军中的赌棍、无赖”，或许是对其性格的真实写照。

“赌棍”也好，“赌徒”也罢，“赌”是山本五十六性格中的一个突出特点。他总结出一套关于赌博的理论，对其性格的历练、思维方法和行为方式都有着重要的影响。后来，山本将其赌博理论用于战争中，认为战争就是一场赌博，并在突袭珍珠港的战役中得到了验证。与其对弈过的法华津孝太深有感触：

“在太平洋战争爆发之前，如果美国稍留心研究一下联合舰队司令长官山本五十六的个人性格的话，至少也能估计到他可能对夏威夷发动突然袭击。”

确实，山本五十六就是用赌徒的心态，在战争中以突袭的方式侥幸获得成功。那时，他嗜好赌博的性格处于一种疯狂的状态，并以这种疯狂赌徒的心理发动战争，其危险性可想而知。

转入海军航空领域

欧美考察结束回国后，山本五十六可以选择留在海军省任副官，或从事他所擅长的舰炮领域的工作，然而他却做了一个全新的选择——去海军航空队任职。海军航空领域对他来说，是完全陌生的。但他自海外留学、考察后发现，飞机才是海军战争中制胜的决定性因素。所以，他愿意致力于海军航空事业，尝试在新的领域取得成就，希望日本在未来战争中取得制海权。1924 年 9 月，山本五十六被任命为霞浦海军航空队副队长兼教育长。

当时，飞机作为一种新型武器受到了世界各国的广泛关注。1903 年，美国莱特兄弟发明飞机。1911 年，意大利首先在意土战争中使用飞机向土耳其阵地投弹，飞机首次用于战争中，昭示出其广阔的发展空间。为了在战争中居于主动地位，各国军方纷纷向法国和意大利预定飞机，进而自主研制生产飞机，飞机的技术性能和水平有很大的提高。在第一次世界大战时，交战各国广泛使用飞机，投入的飞机有1000架之多，并在战争中发挥了一定的威力。

随着陆基飞机的发明使用，水上飞机也应运而生了。1905年和1908年，法国人瓦赞、美国人柯蒂斯分别发明了水上飞机。1910年，美国海军第一次使用舰载飞机起飞成功，宣告了航空母舰的诞生。第一次世界大战期间，英国最早使用舰船运载飞机投入战斗，但是只是作为附属兵器配合舰艇行动的。1918年，英国海军在“一战”后期首次应用了没有阻碍的飞行甲板，并装备了起飞弹射器，建造了世界第一艘真正意义上的航空母舰。“一战”结束后，航空母舰开始大量使用。

在英美等国家的影响下，日本的海军航空事业开始起步。由于日本政府具有侵略扩张的心态，故对有助于拓展攻击里程的新型武器都抱有特殊的敏感性，较早对发展航空母舰和舰载飞机予以关注。1912年，日本海军率先成立了航空技术研究委员会，引进法国、美国的水上飞机，在年底完成了日本海军的首次飞行，日本海军航空兵诞生了。1913年，日本仿照英、美，改造运输船“若宫丸”号为亚洲第一艘水上飞机起落平台，并在第一次世界大战中首次使用。1922年，通过吸收西方最新技术，日本建造成世界第一艘正式的航空母舰“凤翔”号。在这艘标准排水量7470吨的小型航母上，日本人完成了首次舰上降落，并培养出第一批舰载机飞行员。

霞浦航空队建立于1921年，主要培养海军航空兵。霞浦航空队从司令官、副队长、战术科长到副官，技术精湛，个个都是航空方面的专家，有的人还参加过第一次世界大战时日德在青岛的空战，有着较多的实战经验。所以，一些人居功自傲，不修边幅，甚至留着长发，穿着不整，军纪较为涣散。鉴于此，山本五十六认为，军纪不好就不可能有优良的部队，不可能有强大的战斗力，所以有必要对霞浦航空队进行整顿。

对于一个外行前来就任副队长，霞浦航空队队员对山本有一种本能的抵触情绪。他们有人发牢骚说，像他那样一个没有跟飞机打过交道的人，跑到航空队来做头目，究竟出于何种目的不能确定，总之对其到来都非常反感。山本五十六到霞浦航空队就职的那一天，许多人看到眼前这个身材矮小的中年男人，都露出很不屑的神情，不禁在台下窃窃私语。

山本走上讲台，环视四周，只说了两句铿锵有力的话语："本人从今天开始担任副队长兼教育长。各位士官及士兵请注意，凡是蓄长发的人限在一周内全部剃掉，我的报告完毕。"

这样言简意赅的就职演说在航空队还是首次，没有冠冕堂皇的敷衍词语，没有优美华丽辞藻，只是下达了一条严肃的命令，官兵们反而不知所措了。

怎么办？官兵们虽有不满，但作为下属必须执行。毕竟留长发对于飞行员来说，是十分不利的。过几天，霞浦航空队到处找不到山本的人影。无奈，处于观望状态的队员们只好服从命令剪了头。航空队的军纪大为改观了。

山本的威严让人无法抵御。山本的部下、飞行专家三和义勇回忆说，他当年是一个刚刚完成飞行训练教程的中尉见习教官，血气方刚，体魄健壮，本以为自己能做一名飞行教官，但是却被分配到霞浦航空队做一名甲板军官。他十分不满，毫无惧色地去找新就职的副队长山本五十六，准备回绝这个职务。但山本五十六那威严的神情，马上震慑了他，他无法表达，最后还表示欣然从命，全力以赴，尽职尽责。

三和义勇每天和山本五十六接触，他深邃的思想，处理问题的果断，为人的平和都深深地感染着他，由此对他心生敬佩。其他的军官和三和义勇一样，对山本的感情变化都经历着从最初的反感——被慑服——敬佩这三个阶段。三和义勇在山本的领导下努力工作，成为山本最赏识的部下之一，后来写了许多关于山本的书籍。

山本在霞浦航空队的声望越来越高。从山本来到航空队以后，迟到、早退、私自离队的不良现象鲜有发生，部队的军容风纪得以改善，队伍的战斗力得以增强。

山本知道，转入航空领域，自己是零基础，想要尽快成为一个航空方面的专家，必须抓紧学习航空知识。自从到航空队以后，山本勤奋地研读有关航空方面的书籍，每天几乎学习到深夜，甚至几个月都不回家，天天住在队里。为了了解更多的知识，他经常到飞行军官的宿舍里与年轻的军官们打桥牌、下棋等。在加深感情的同时，还注意留心这些青年人所谈的感受，从中汲取一些精华。

山本到航空队任职时，已经到了不惑之年，但他仍然要求自己学会飞行。他坚持每天几个小时的飞行训练，最后达到了单独驾驶教练机的程度。不久，在霞浦队执行的访问东京的飞行中，山本曾搭乘 1 号机亲自参加了飞行。在“海豹”号和“北欧海盗”号的飞行中，山本主动承担了霞浦到大凑之间航程的指挥任务。能在这么短的时间内学会了驾驶，并且能够担当指挥，这让霞浦航空队的军官们肃然起敬。

在掌握了一些理论知识和实践经验的基础上，山本五十六开始关注飞行技术的研发和创新。因为他知道，航空技术的发展是突飞猛进的，尤其是考察过欧美先进的航空技术后，他更觉创新的重要意义。所以，他经常鼓励航空队的技术人员说，日本的海军航空事业刚刚起步，还有待于技术创新，才能获得长足发展。这一切需要你们多借鉴欧美先进经验，找出不足，改进创新才行。

本多伊吉大尉是海军轮机学校第27届毕业生，他担任着霞浦航空队的分队长。他向山本建议说，日本海军的飞机机身是木质结构，发动机的马力很小，螺旋桨也为木质。这种飞机按照英国皇家空军的飞行经验，飞机飞行时间是200小时。他认为，从维持战斗力和节省国家军费开支角度来说，这种经验都应该突破。山本鼓励他，如果研究延长飞机寿命成功的话，他将是日本海军航空史上的一个杰出人物。并且全力支持他，让他放手去做。

本多伊吉大尉全身心地投入到研究中。经过努力，他使飞机使用寿命从200小时延长到400小时、600小时，甚至可达到1000小时。山本得知后兴奋得从椅子上跳了起来，他对本多伊吉说，如果他对使用寿命延长的飞机不放心的话，自己愿意搭乘试飞。这让本多伊吉非常受鼓舞。山本五十六能够置生命于不顾冒险试飞，不是对其研究成果的最大肯定么?

在山本五十六的主持下，霞浦航空队的飞机使用寿命延长了，并且从未发生过任何事故。

在霞浦航空队里，山本虽然威严，但对下属关怀备至，特别敬仰那些牺牲的队员。这让航空队的将士们都意识到自己的价值所在，队伍的凝聚力自然增强了。

为了能够打造一支高水平的航空队伍，山本从实战角度出发，对霞浦航空队实施了近乎残酷的训练。只要是气候条件允许，不管是白天还是黑夜，只要他一声令下，飞行队马上进行实战演习。他们需要利用码头和模拟飞行甲板的驳船进行起飞，尝试各种气候条件下的降落训练。这样一来，在事故中死亡的将士大幅度增加。山本为此也非常痛心。

冬季的一天，两名青年飞行员因为事故被迫降落在霞浦湖上，山本马上组织救援队实施救援。他们乘着救援艇，迅速赶到现场。但正逢冬季，强烈的“筑波海风”袭来，几名救援人员不幸跌入水中失踪了。山本命令全力搜寻打捞失踪人员。当时他们迎着凛冽的寒风，在刺骨的冰水中进行打捞，其难度可想而知。4天后，失踪人员的尸体找到了，但那两名飞行员的尸体还没有找到。碍于恶劣天气的原因，有些人建议山本不要找了。可是，山本摇摇头说：“他们是我们飞行队中一员，是我们的兄弟，也是为国家牺牲的烈士，就是再找上几个月，也要把他们的尸体找回来。如果我不找了，怎么对得起我们的兄弟？那我今后怎么率领部下？”

大家被山本的真诚深深地打动了。那几天早晨，山本目送着这些救援队员出发，眼神中充满了期盼。10多天后，这两名飞行员的尸体终于找到了。山本将死亡队员的名字记下来，挂在自己的办公室里。每当有新学员入队时，都要向他们敬礼，以此来弘扬他们为国献身的精神。

为告慰为国阵亡的英灵，激发航空队员的斗志，1925年10月2日，山本发起创建了霞浦神社。在发起倡议书中，山本写道：

本队自创建以来殉职者20余名，每年之所以设坛招魂祭祀以迎其在天之灵，不仅出于对牺牲者当然之礼仪，而且还在于继承已故战友之遗志，加倍奋起吾人之雄心壮志，以期我航空界之飞跃发展，慰先辈僚友之神灵。为进一步彻底贯彻这一宗旨，兹在队内创设神坛，不论是壮烈殉职者还是不幸病故者，一概合祭其灵魂，如日夜膜拜此神殿得经常维持清新之心志，即足以告慰战友在天之灵。

在山本任职航空队的15个月内，不仅队伍的精神面貌、军容军纪有很大的改观，技术研发和创新方面有所改进，而且在山本的领导下，队员的集体荣誉感和自豪感，队伍的凝聚力和向心力都得以增强了。可以说，霞浦航空队的航空事业步入了一个新的发展阶段。航空队的将士们对山本充满了敬慕，当时航空队的飞行队长桑原虎雄这样评价：“他少言寡语，不轻易发表意见，但他对他的下属却有着不可思议的魅力。”

1925 年 12 月，山本五十六又接到调令，任日本驻美国大使馆的副武官。他不得不离开航空队，再度出使美国。此命令一下，航空队将士们却陷入了悲痛之中，他们心目中早已经接受了这个副队长，将他当作最尊敬的长官。为了向心爱的副队长告别，他们设计一个别出心裁的告别仪式。在山本乘“天洋丸”驶出横滨港启程时，霞浦航空队飞行员们驾驶一个中队的飞机，在上空做俯冲动作掠过山本乘坐的船头，以示告别。山本看后，感动得热泪盈眶，不断地挥手向队友们致意。据说以这样隆重形式进行告别，在日本海军历史上前所未有。

相关链接：

世界上第一艘专门建造的航空母舰——日本“凤翔”号航空母舰

1919 年 12 月 16 日，日本将横须贺造浅野船厂在建的“第 7 号特务舰”改造为航母，初名为“龙飞”，最后定名为“凤翔”，于 1922 年 12 月 27 日竣工。由于英国于 1918 年开工的“竞技神”号航空母舰建造工程进度缓慢，故日本的“凤翔”号一般被认为是第一艘完工服役的专门设计的航空母舰，是世界上第一艘真正意义上的航空母舰。其设计为下一代航母提供了宝贵的数据和经验，对日本海军航空兵的发展有很大贡献。

性能数据：

排水量：标准排水量7470吨，常备9494吨，（1944年改装后）公试10500吨

尺寸：舰长168.25米、宽17.98米、吃水6.17米，（1944年改装后）水线长165.05米，飞行甲板长180.8米

动力装置输出功率：30000马力，航速25节，载重油2700吨，煤940吨，续航力10000海里/14节

武备：4门140毫米口径火炮，现代化改装时增加38门25毫米口径机炮

舰载机：21架

编制：550人

参战记录：

1.1932年，“凤翔”号与“加贺”号组成第1航空战队，在上海与中国空军多次交战，互有损伤。

2.1935年9月26日在日本海军演习中，在本州岛东部水域遭遇飓风，前甲板被压坏。

3.1937年中日战争爆发后，“凤翔”号在广东击落中国空军的霍克战斗机。

4.1942年中途岛海战时，担负了侦察任务，并未参加实战。

“凤翔”号多次进行改装。如1936年夏改装中，撤去了140毫米炮，加装了防空机枪并改善了居住性。1944年，为承载新型舰载机的起降，再度改装，飞行甲板加长至180.8米，宽度增加至22.7米。

1945 年 8 月 15 日，日本投降时，“凤翔”号是唯一完好的航母。10 月，解除舰籍，拆除后用于马绍尔群岛、新几内亚等地的日本残军、侨民的复员和撤退工作。1947 年 5 月 1 日，该舰被解体。

/ 在伦敦裁军会议上的舌辩 /

山本到了美国后，更加关注美国海军航空事业的发展，并从中作出对比，分析日美间的差距，找到一条适合日本海军航空兵发展的道路。1928 年 3 月，山本任期结束。1928 年 8 月，他出任巡洋舰“五十铃”号舰长。4 个月后，又调任航空母舰“赤城”号任舰长。他把国外的所见所闻形成一系列的理论，准备在第一线与实践相结合，拓展训练，打造日本一流的海军航空兵。正在他进行紧张训练时，1929 年 11 月，又被派往英国，参加伦敦的海军裁军会议的谈判。

1922 年的华盛顿会议只是规定了主力舰的比例，对辅助舰没有做出限制，只规定辅助舰的规格应在单舰 1000 吨以下，炮口小于 8 英寸。会后，各国为了实现称霸的野心，大力发展辅助舰，军备竞赛仍在继续。虽然在 1927 年由美国召集于日内瓦召开裁军会议，但由于英美之间的矛盾，没有达成对各国发展非主力舰的限制。1929 年，美国的经济危机席卷全球，各国都感受到庞大的军费给财政造成的巨大压力，限制海军军备预算实属必要。1929 年，美国总统胡佛和英国首相麦克唐纳先后就职上任，他们都主张缩减军备开支，这样英美之间开始对话。1929 年 9 月，在麦克唐纳与胡佛召集下，决定在伦敦召开英、美、日、意、法五国的海军裁军会议。

日本派出了阵容强大的代表团，前首相若槻礼次郎、海相财部彪大将、驻英大使松平恒雄、驻比利时大使永井松三 4 人为全权代表。代表团随员有顾问安保清种、首席随员左近司政三中将、海军随员山本五十六大佐、丰田贞次郎大佐、中山龟三郎大佐、岩村清一大佐、山口多闻中佐，陆军随员有前田利为大佐、木本兵太郎中佐，内阁外省有齐藤博、贺屋兴宣等人。

山本只是一个大佐的军衔，在海军的职务并不高，为什么选派他担当此重任呢？

首先，他有着长期的留美经历。他受日本政府委派，前后有六七年的时间在美国工作和学习，不仅讲着一口流利的英语，掌握美国的风土民情，而且重视调查研究，经常到第一线进行考察，对美国的石油等能源、军工产业有一定的了解。

其次，他长期在海军中任职，先后担任过海军大学的教官、航空队的副队长、巡洋舰及航空母舰的舰长等职务。他本人善于思考，对日本海军事业的发展有长期的规划。

再次，他曾经参加过华盛顿会议的预备谈判，其思维的缜密、办事的周全、忘我的工作态度给代表团成员留下了深刻的印象，并得到了日本驻美大使和美国副国务卿双方面的肯定，都认为他是一个优秀的人才。

鉴于此，日本政府将在第一线进行实践的航空母舰舰长山本五十六选中，参加伦敦海军裁军会议的谈判。在山本出发后，晋升他为海军少将。

重任在肩，山本不敢有丝毫的懈怠。他知道海军裁军问题是一个非常棘手的问题。当年他作为华盛顿会议日本筹备小组的主要成员，对此是煞费苦心。他不希望日本盲目地扩军备战，引起政府和人民的财政负担。华盛顿会议上签订的美、英、日的造舰比例是一个明智的选择。他敏锐地看到，因为这一比例，把日本建造主力舰的经费节省下来，日本得以秘密建造了 4 艘新式航空母舰。所以接受华盛顿会议议定的日美之间的海军造舰比例是无可厚非的。但没想到，却由此引发了日本国内“舰队派”和不明真相国民的强烈反对，认为这是一个屈辱的条约，并坚决要求修改。山本认为，未来的海军的战争将是航空母舰的竞争，而非是主力舰的博弈。此外，还应该发展辅助舰或新式战舰。但此时，日本内阁和海军省下达给代表团的任务是：

1.以确保国际和平和减轻国民负担为目标，努力争取由限制军备进而发展到缩减军备。

2.以不威胁、不侵略为铁的原则。

3.遵循下述二原则：日本水面辅助舰总吨位为对美的七成，重型巡洋舰对美七成，潜水艇确保 78000 吨。

如何完成这一任务呢？山本绞尽脑汁，希望能从第一站在美国的停留期间摸清对方的底牌，找出一条捷径来。

1929 年 11 月 30 日，代表团从横滨出发抵达美国，在这里做短暂停留再前往英国。12 月 16 日，他们在白宫受到了美国总统胡佛的宴请。山本没有陶醉于此，在推杯换盏之时，他想起了他的老相识、胡佛的海军副官艾伦·市坎南上校。通过他的关系，山本认识了美国一些高层人物。但是，仅凭这些是无法探知美国谈判的底牌的。思来想去，山本使用了自己最擅长的打桥牌方式，邀请他们共同娱乐。在几个小时的玩牌过程中，山本用自己独特的方式，探知了美国方面的真实意图。令他欣喜的是，美国不会特殊反对日本所要求的裁军比例。山本将这个消息告知代表团后，大家对其机智赞赏不已。这让他们吃了一颗定心丸，下一步就是在伦敦裁军会议上的尽力争取了。

会议召开前，各国都希望探知对方的意图，以便在会议上取得主动权。山本一行于12月27日到达伦敦后，在日本大使馆对面租了一间房子安顿下来。英国派出了外交官克雷吉来到日本代表团中开展了外交工作。克雷吉是一个日本通，后来担任了驻日大使。他的父亲以前是英国远东舰队的舰长，他自幼随父亲到东方，对日本的文化、环境都非常熟悉。通过克雷吉的举止言谈，山本马上意识到他的意图。他将推断结果向代表团阐明，英国势必反对日本所提出的七成比例的要求。在代表团中，山本虽然职务不高，但他一路表现出的较强的逻辑分析能力和准确判断力，令大家不得不刮目相看。

1930年1月21日，英、美、日、意、法五国的裁军会议在英国的白金汉宫举行。大会主要议题是日美之间的裁军谈判，两国在2月5日和2月12日进行了两次交涉。日本的提案遭到了美国的反对，美国要求辅助舰的比例与主力舰相同，而且比例保持在六成，而日本要求七成，双方各执一词，争论不休，谈判几乎破裂。

山本五十六因为事先探知了美国的底牌，就极力劝说日本方面要坚持。他在寄给当时任海军省军务局长的好友堀悌吉的信中说："这次会议真如老牛拖车，未来的结果实令人担忧。"

虽然谈判异常艰难，山本等人仍然尽力坚持。经过了几次协商，3月13日，双方达成了一个妥协方案，日对美辅助舰的比例是69.75%，大型巡洋舰比例是60.22%，轻型巡洋舰为70%，驱逐舰为70.3%，潜水艇为52700吨，这与美国大体相当。为征得国内的同意，代表团将上述方案向日本政府请示。

消息传到国内，遭到“舰队派”海军部长加藤宽治、次长末次信正、元帅东平乡八郎等人的强烈反对。他们认为，该协议案对日本不太重视的舰种给予合适的比例，而对日本重视的重型巡洋舰和潜水艇则极力加以限制。潜水艇要从现有的吨位减少1/3，巡洋舰的比例也不适当，这样日本的国防将会处于不利地位。而“条约派”原军政部长冈田启介大将则支持伦敦条约，极力游走政于府和军部之间。政府方面，首相滨口雄幸考虑到日本国内的经济依附于英美的贷款，不希望因此引起与英美关系的恶化，从而使经济陷入困境。同时为了顺应国内外关于裁军缩减的舆论，他从日本国家的长远角度考虑，极力主张通过这个条约。

在得到日本政府的批准后，日本代表团表示接受协议。4月22日，伦敦海军裁军会议最后通过了《1930年伦敦海军条约》。该条约分为5章26条，3个附件，对主力舰的吨位、舰龄等加以限制。英国、美国、日本的代表签字，意大利和法国的代表仅批转了条约的第4部分。第一次伦敦裁军会议经过4个月的争吵，基本上完成了限制军备的目的。日本通过努力，取得了与英美几乎一致的海上力量的均衡。

山本没有想到，该条约签订后，在日本国内引发了一场更大的风波。“舰队派”攻击政府无能，对英美妥协外交，还指责政府不顾军部的反对，侵犯天皇的统帅权。为表示抗议，5月20日，军令部参谋刈英治少佐剖腹自杀。6月20日，海军部部长加藤宽治认为，伦敦海军裁军会议所规定的海军兵力，对日本海军作战极为不利，即使寻求限制之外的途径也难以弥补，对此感到遗憾，于是向天皇提交辞职书。日本国内的右翼势力认为，伦敦海军条约的签订是日本战败的起点，对美的69.75%的比例其实就是对美的六成比例。于是，国内的右翼势力抬头，掀起了反对条约运动，他们利用各种机会反对、抨击政府。而且，刈英治少佐之死，被右翼势力广泛渲染，并大造声势，号召国民推翻现任政府。11月14日，滨口雄幸首相在东京车站被右翼青年佐乡屋留雄刺杀，政局陷入一片混乱中。

目睹这一切，山本深受刺激，闭门谢客。外界谣传山本将要引咎辞职。好友堀悌吉去其家中探望，山本对国民一味地埋怨和指责很不理解。缔结一个对日本不利的条约固然不能令人满意，但从大局上看，总比无休止地军备竞赛要好得多。国际的谈判，必要的妥协是少不了的，问题在于要尽力控制在日本谈判意图的范围内，找出适当的妥协点来。他告诉好友，他已经找到了一条日本与美国对抗的新的发展道路——即发展海军航空事业。从山本的分析来看，山本的目光确实比一般人长远，看问题更透彻。

伦敦条约的有效期是5年，即1935年失效。华盛顿条约的有效期到1936年。按照当初的约定，1934年，要召开条约国协商的预备会议，商讨废止华盛顿条约及对伦敦条约进行部分修改。1934年，由英国提议，美、英、日、法、意五国再次聚在伦敦，举行裁军的预备会议。5月17日，日本指派了驻英大使松平恒雄等参加了预备会议。但与会国意见分歧很大，7月17日发表共同声明后谈判暂时停止。

为缓解这种僵局，复会时日本启用了有谈判经验的山本五十六，奉命前往伦敦参加1934年10月25日的伦敦预备会议谈判。

从山本参加第一次海军裁军会议起，转眼4年飞逝而过。4年中，他在海军航空本部做了3年的技术处处长，又担任了以“赤城”号为旗舰的第1航空战队司令官，当时为日本的海军少将。论资历、经验和能力，都比以前更为增强了。

这4年中，日本的国内形势发生了很大变化。1929年的全球性经济危机也波及了日本，工厂倒闭，工人失业，农民更加贫困，阶级矛盾空前尖锐。加上伦敦裁军会议后，日本军备进行了缩减，一部分在役军人被迫退役，引起了失业军人对政府的不满。日本法西斯势力趁机抬头，1930年，参谋本部少壮派军官成立日本军内最大的法西斯组织——樱会。该组织对内“以改造国家为最终目的，如为此需要行使武力，亦在所不辞”，对外则极力鼓吹“战争乃创造之父，文化之母”，主张以武力解决问题。1931年3月和10月，他们怂恿法西斯分子宇垣一成和荒木贞夫，两次策划发动政变，均未果。1931年9月18日，日本关东军发动了侵略东北的战争，由于东北军不战而退，关东军得以在3个月时间占领东北全境。1932年策划成立了“满洲国”，对东北实行殖民统治。他们从侵略中获取了巨大利益，侵略扩展的野心更为膨胀，企图扩大战争。但在侵略中国的问题上，英美等国与日本发生了矛盾。1933年，国际联盟在特别大会上发表了谴责日本侵略和要求日本退出东北的决议，日本竟然愤而退出国联。为了扩大侵略的需要，早在第一次伦敦会议后，日本海军部要求政府增加海军军费，实施第一次补充造舰计划（1931~1936年）。到1933年年底，日本的舰队力量几乎达到美国海军的80%。于是，日本军方想摆脱《华盛顿条约》和《伦敦条约》对其的军备限制，他们给内阁施加压力，主张在即将召开的海军裁军谈判中获求海军平等，希望与英美取得一致的比例要求。

日本政府给山本等谈判代表下达了《给帝国代表的训令》《帝国政府对海军裁军预备会议的方针》两个文件，这样要求：

倘沿用1922年在华盛顿签订的限制海军军备的条约，对我帝国国防建设甚为不利，为实现我帝国关于限制海军军备的根本方针，务须在本年度末以前，向条约成员国发出废除此条约的通知。

……

虽然我们要废除华盛顿条约，但并不意味着不想签订任何别种形式的关于缩减海军军备的协定。

……

帝国希望采取这样一种方法，要在尽量友好的气氛中卓有成效地进行预备谈判。选择适当的时机，同各条约成员国协商好。根据具体情况而定，废除条约的通知也可缓发，但不能迟于本年度末。然后再与各国协商争取签订一个新的条约。要像各与会国代表多做宣传解释工作。这样既能缓和舆论压力，又能有利于实现我帝国之谈判意图。

日本政府的指导思想是，不再沿用华盛顿、伦敦两条约的原有条款内容，废除华盛顿条约后，立即进入无条约限制的状态也并不理想。也就是说，政府希望废除旧的条约，但还希望有新的条约限制。但是，日本又怕受到国际和国内舆论的谴责，不想首先提出。故训令要求谈判代表，谈判时尽量避免给国民造成刺激，防止矛盾激化。应该为确保日本国防稳固的新协定奠定基础，并尽力争取减缓今后国民之负担。可见，日本希望顾及国内、国际两方面，既寻求利益最大化，又希望避免矛盾，保持国内稳定。日本要确立一个互不威胁、互不侵犯的原则和体现这一原则的特殊方式，在平等的基础上给各国保存海军舰只的数量规定出一条必须遵守的基准线，并明确规定出最高限度的海军力量。

日本政府指示山本，在谈判中要主张废除全部航空母舰。从谈判的策略上说，即使有的代表提出废除主力舰只的意见，也要表示支持。可见，日本政府想以废除主力舰为筹码，达到废除全部航空母舰之目的。山本对此并不赞成，因为他一直坚信未来海军的发展将是“海空军主义”，其中各国航空母舰的数量为一个重要因素。虽然山本心中并不情愿执行，但是作为下属，山本只能按照上级交代的原则和方向进行谈判，不能超越权限。

国人对山本寄予了很大期望。启程之日，不管是东京火车站还是横滨港码头，送行的人群中，出现了许多法西斯分子。他们称自己是某某同盟或联合会的，并宣读了他们的决议或宣言，为山本壮行。山本对这样的忧国忧民的志士感到深深的忧虑，内心隐约有一种不安和不祥的感觉。

10月25日，山本作为日方的代表参加了伦敦预备会议。当时参加会议的都为各国的高层人物，英国方面，有首相麦克唐纳、外交大臣西蒙、海相蒙塞尔、参谋长查特·菲尔德、军令部次长利特尔和外交部参事克雷吉参加会议。美国方面，有戴维斯大使和军令部长史坦德。山本的少将身份与英美谈判代表相比之下，显然是级别低了很多。但山本是一个好斗、好赌、不服输之人，他察言观色，适时发言，很快在谈判桌上显露出他的才能，在他们面前毫无怯色，大家不敢再轻视这个日本少将了。正如代表团随员贺屋兴宣所评价的：

谈判中，不论争论的怎样激烈，山本都不给人以固执己见、把自己的观点强加于人的感觉，当然在这种谈判的场合做到完全心平气和也是不可能的，但不论是哪次争论，他都没给人留下反感或任何不好的印象。

山本操着一口流利的英语，根本不用专职翻译。但是他在关键场合，故意不说英语，让翻译进行解释。这样，他可以有足够的时间通过察言观色来考虑问题，尽量争取时间来赢得主动。

最初山本以华盛顿会议和伦敦会议对日本规定的比例不适当为由，提出修改主力舰对英美的比例。山本列举了飞机制造业的飞跃发展、军舰和船舶还是补充技术的不断进步等一系列的事实后，认为随着时间的推移，时代的变化，海上的距离也随着缩短了。而现在，日本守卫近海沿用这一比例，已达不到军事技术平衡这一目的了。希望英美日三国在平等基础上共同协商。美国予以否定，认为美对日的比例对日方也不构成威胁。山本反击道："如果说美国是五，而日本是三这一比例，对日本不构成威胁的话，那么日本是五，美国也是五的话，日本对美国也不构成威胁呀！"三方展开了激烈的争辩。山本调侃道："我虽然个子比你们小，但你们不会坚持只让我吃盘内五分之三的食物，你们会让我按我的需要而吃的。"

山本这种谈判的艺术，真是让美国人很无奈。

接着，各国在潜艇的性质、数量和比例问题上争论不休。日本方面对潜艇发展的期望值很高，希望争取数量上的优势。美国代表史坦德认为，潜水艇为攻击性武器，必须限制其发展。

面对史坦德的否定，山本没有发怒，反而笑容可掬地阐述他的观点：

有关潜水艇的性能，阁下也为海军军人出身，且不论在年龄、经验各方面都是我的前辈，我想当比我更为清楚。从续航力来说，潜艇确实比驱逐舰大，可从构造上来说，船员的生活和粮食的储存都远不如驱逐舰，因此潜水艇绝不适于远离基地深入敌国海域作战。不管怎么说，在近海防御来犯的敌舰，才是其主要任务。畏惧潜艇，犹如小偷害怕屋内的狗一样，只要不随意侵入，即无被狗咬的顾虑，这是我将潜水艇视为防御性武器的理由。

会议快要结束时，山本提出废除航空母舰的建议。美国人都知道，山本是主张航空制胜论的海军军官，并且担任过霞浦航空队的副队长、“赤城”号航空母舰舰长等职，此番言论根本不符合他的风格，故对其奚落和嘲笑。山本这样反驳：

我曾任航空母舰舰长及航空战队司令官。唯其如此才更深刻体会到飞机威力的强劲和在今日已有了很大进步，此后也必将有几何式的发展。如此则航空母舰将成为舰队的中心主力，其威力是无可预知的。航空母舰在战时的攻击性使命，将给人类带来多少不幸，一想到这些就使我不寒而栗，因此不得不主张废除。

这种言论让在座的英美代表始料不及。戴维斯对其谈判的技巧和才华深表钦佩。他自我反省，1920 年的华盛顿会议，美国方面占据主动，首席代表国务卿查尔斯·休斯一直咄咄逼人，使得日本全权代表加藤友三郎不得不接受美国方面的提议。这一次，是自己的能力不及休斯呢，还是山本的谈判技巧高于加藤友三郎呢？这次会议，完全让山本左右了局势，美国一直处于被动状态。

其实，戴维斯早在 1920 年华盛顿日美预备会议时，就注意到了日本谈判代表中的山本并非寻常之人。那时的山本只不过是在日本驻美大使币原喜重郎手下工作的一个中佐军官，戴维斯为美国副国务卿。当时的币原这样评价山本，一个职务不高，却很难对付的家伙。戴维斯惊叹在华盛顿遇到的小鸟，已经变成一只雄鹰了。

在会议谈判中，山本尽力维持和英国的关系，共同对美。山本意识到，美国希望日本提出废除华盛顿条约的要求，从而能把责任全部推给日本。这样，美国可以大规模地扩充军备。而英日的综合国力不及美国，对于大规模的军备竞赛是吃不消的。所以，山本以其敏锐的眼光，看出实质所在。故采取依靠英国的战略，一方面希望改变日本对英美的比例，维护日本的国威，另一方面，设法在三国之间寻找适当的妥协点。

在山本与英国合作的“诚意”下，英国方面提出，如果英、美、日在限制各国海军军舰保有总吨位数量上达不成协议，那就只有在缓和可能出现的造舰竞争方面寻求一致意见，诸如限制军舰的吨位数和装备舰炮的口径等。而美国态度强硬，坚持必须沿用华盛顿体系，只能修改伦敦条约，最后还要求暂时休会回国。山本要求应该有一个期限限制，希望在 1935 年 3 月再次召开会议。在美国代表团离开伦敦后，山本决定要同英国进行非正式的会谈，以便拉近两国之间的距离，最后能够找出三方共同接受的方案。

对于此次谈判，山本深感责任重大，谈判进行得异常艰难。正如 1934 年山本给部下三和义勇信中所言，“终日苦于谈判之中，无心提笔作复”“因我国力不足，加之本人才疏学浅，很难说服对方”。他预计“前景暗淡、多灾多难”，但是，他在美英等强国面前“奋力周旋”，致使他们“心里虽然并不满意，但是这种场合，也不得不强作笑脸，倾听我们的愚见”。山本深深感到，日本帝国已到谨慎自重、振兴图强的时候了。

在谈判期间，山本每天睡眠时间只有 4 个小时，但他毫无倦意，夜以继日地工作。他甚至对别人说，“我是个军人，可以不吃，也可以不睡”，令各国代表团成员甚为惊叹。

对于美国这样的强国，山本不卑不亢，从容应对，适时出击，给英国代表留下了很深的印象。尤其在与会双方立场不同发生冲突时，山本总能保持着微笑。英国媒体评价说，山本说话面带笑容是“钢铁微笑”，都认为他是一个不可多得的人才。

英国前首相劳合·乔治得知山本在裁军会议上的卓越表现后，特意在其私邸邀请了山本。他给予山本最高的评价：

戴维斯说伦敦会议上遇到的小鸟变成雄鹰了，而我不这样认为，要我说，你是一只鹫，伦敦之鹫。

英国的谈判代表罗伯特·克雷吉当时任外务省的参事，对山本在谈判中的表现赞赏有加。3年后，他被任命为英国驻日大使。他到东京后没有去拜访日本的外务大臣，反而先去拜访了海军次官山本五十六。这种违反常规的举动，足可以说明他对山本其人的敬重。

英国首相麦克唐纳也与山本单独会谈过，会谈具体内容无从知晓。但山本回国后对伊藤正德说过，认为他是个伟大的政治家，谈话入情入理，使人感到很亲切，如听父辈教诲一样。显然，他们之间的会谈是轻松愉快的，彼此都保留着较好的印象。

山本的此次谈判，是日本外交上的重大胜利。伦敦裁军预备会议暂停后，山本回国。出乎意料的是，他受到了国内外法西斯势力的推崇和欢迎。途经柏林时，他受到了后任德国外交部部长里宾特洛浦和海军部长拉达尔的接见，对其大加赞赏。回到日本时，日本显赫人物都到东京火车站迎接山本。在通往皇宫路的两旁挤满了狂热的法西斯分子，他们高举欢迎山本归来的条幅，呼喊着山本的名字，热烈欢迎壮士凯旋。在这种氛围下，山本不得不下车挥手向欢迎的人群致意。山本第一次意识到，他维护了日本的“国威”，为日本赢得了“荣誉”，所以才受到了国人这样的热烈崇拜。在全民都在为侵略疯狂的时刻，自幼受日本武士道精神熏陶的他，只能一步步地陷入其中，为日本帝国的侵略扩张服务。

山本回国后，日本改派了永野修身前往伦敦参加谈判，让山本作为随员陪同前往。山本执意不从，因为他和永野对一些问题的看法大相径庭，与其在谈判中因观点不同而争吵，还不如拒绝前往。永野参加了 1935 年伦敦裁军会议的正式谈判。谈判的代表都感到，他的能力远不如山本，根本无力与英美各国周旋。最后，日本单方面退出了会议，这是山本参加预备会议 3 个月以来一直避免的结局。

山本对此感到非常遗憾，他对记者松原坚太郎这样表示，废除华盛顿条约和伦敦条约，实在是太遗憾了。5：5：3 的比例是可以接受的，它对对方毕竟是一种限制，有限制总比没限制要好。

这道出了山本的心声。他认为英美日等几大强国进入了无条约限制的造舰竞争时期，会掀起海军军备竞赛的高潮。以目前日本的国力，不应该卷入到无休止的军备竞赛中，那对国家的发展是十分不利的。

相关链接：

“赤城”号航空母舰

按照日本海军的“八八舰队”发展计划 “赤城”号最初作为战列巡洋舰于1920年12月6日在吴港海军船厂开工建造。但是按照1922年签订的华盛顿海军条约对大型战列舰的限制，不得不于1922年2月5日暂停建造。1923年，因关东大地震又将其改造成航空母舰，1927年完工服役。1928年，日本海军名将山本五十六曾出任“赤城”号舰长。

“赤城”号飞行甲板呈阶梯状分为3层，上层是起降两用甲板，中下两层与双层机库相接可供飞机直接起飞，中层甲板供小型飞机起飞，下层甲板较长供大型飞机起飞。上层飞行甲板前端下面是横跨舰体两舷的舰桥。该舰安装10门200毫米口径火炮，用来打击水面目标。1935年~1938年“赤城”号在佐世堡海军船厂进行了现代化改装。取消了不实用的中下两层飞行甲板，并将原先中下层飞行甲板改为机库，使航舰平时战备机增加为66架；上层飞行甲板改为全通式，一直延伸至舰首用立柱支撑。升降机3座。舰桥改成岛式。舰用火炮只将原先的十年式高射炮更换为新型的八九式高射炮，火力不强。标准排水量29500吨，改造后36500吨。满载排水量34364吨，改装后41300吨。全长260.67米，飞行甲板为249.17米。全宽31.32米。

参战记录：

1.1932年1月的第一次淞沪会战中，“赤城”号、“加贺”号轰炸上海。

2.1937年“七七”事变爆发，赤城号先后在长江流域、华南、海南等地作战。

3.1941 年 12 月 7 日，“赤城”号作为日本航空舰队旗舰，参与珍珠港突袭战，其防空火力是六艘航舰中最弱的一艘。

4.1942 年 6 月中途岛海战中，“赤城”号是机动部队指挥官南云忠一海军中将的旗舰，被美国“企业”号航空母舰的舰载俯冲轰炸机摧毁，山本忍痛下令将其炸沉。

/ 力主航空制胜论 /

两次伦敦裁军会议归来后，山本更加看清了飞机在未来海战中的决定性作用，故而力主航空制胜论。

航空制胜论最早的代表人物是意大利军事理论家朱利奥·杜黑将军。由于第一次世界大战中飞机被广泛应用，他意识到航空兵在未来战争中的地位与作用。1909 年，他在人们强调制海权的时候，撰文指出了制空权的重要性。在其努力下，意大利的航空事业取得了较大发展，并参加了第一次世界大战，显示出强大的战斗力。不久，杜黑被任命为意大利航空部部长。1921 年，他经过几年的潜心研究，发表了《制空权》一书。他认为空军将成为未来战争中的主要的、决定性力量。飞机作为一种进攻性兵器具有无可比拟的潜在能力，利用强大的航空力量能夺取绝对的制空权，对敌人的地面防线进行轰炸和摧毁，可以较快取得战争的胜利。他从战略的高度认识到飞机的价值，主张大力发展航空兵以夺取制空权，进而赢得战争。

相对于系统阐述空军理论的杜黑而言，美国的陆军上校比利·米切尔则是一位在航空领域探索的行动家和实践家。他从自己做航空兵的实践中意识到飞机的巨大潜力，探索出一套独特的海军航空作战的理论体系。他试图通过报刊和舆论宣传引发民众的关注。为了证明飞机的威力比战列舰更大，他获批进行了两次演习。1921 年，马丁型轰炸机一举炸沉了 3 艘停泊在切萨皮克湾的德国军舰，1923 年又将退役的美国军舰炸沉。美国海军派并不认同，他们认为如果飞机轰炸的是有能力反击的战舰，其结果会截然不同的。因为有国会的支持，海军的观点占了上风，米切尔发表了许多过激的言论，一度被降职审判。1925 年，他出版了《空中国防论》，他列举了一系列通过实验得出的数字，证明了不用鱼雷通过空袭能击沉所有的军舰这个结论，从而显示出飞机的巨大威力。1936 年他不幸离世。在“二战”中，美国这才意识到米切尔所强调的飞机轰炸的重要性，1946 年，美国授予米切尔“荣誉勋章”，并追认他为“航空兵的先驱”。后来美国国会追认他为“现代空军力量之父”，并将这位前陆军上校晋升为少将军衔。

在杜黑和米切尔力主航空制胜论的同时，山本五十六也同样持有此观点。他是日本海军中公开提出海军的主力应从战列舰转向飞机的人。他认为在海军建设中，应重点发展海上的航空力量。他是日本主张航空制胜论的第一人。他早就断言：“只要看看飞机在过去 10 年间的迅速发展，就应该相信，飞机在未来的 10 年中一定会取得更惊人的发展。”

1919~1921 年，山本赴美国考察期间，在对美国的石油生产状况和航空界进行细致的考察后，他敏锐地意识到，未来的海上作战将主要依靠飞机。而且，日本的海军实力无法与美国抗衡，如果日美间开战，飞机才是制胜的关键性武器。这种预见性的判断，比当时日本的其他人要早很多。回国后，他在海军大学任教官期间，宣传这种航空制胜论思想，但是在“舰炮主义”盛行的日本，他的思想并没有得到大多数人的认同。1924年，山本在赴欧美考察后，他自愿选择了对其来说陌生的航空领域，任霞浦航空队副队长兼教育长，任职期间推动了日本海军航空事业的发展。1925~1928年第二次赴美期间，他对美国的航空界发展予以更大的关注。他和助手山本亲雄、三和义勇搜集美国航空界的情报，注意美国航空界的发展动向。1927年，山本看到了米切尔的《空中国防论》，感触良多。美国人已经系统阐述了航空的国防理论，而且美国的航空业发展迅速。如果日本再不意识到此点，那么在航空领域将会被美国远远地抛在后面，同美国在未来战争中的实力差距将会进一步拉大。

回国后，山本在海军航空部门担任了若干职务。1930年12月，任航空本部技术处处长。1933年，任第一航空战队司令官。1935年12月，任海军航空本部部长。不管身居何种职务，他都竭力推行和宣传航空制胜论，即使并不被当局所认可。正如他所言：我甘愿永远任此职务，从事航空这一行。

由于巨舰大炮主义的影响，日本海军仍然将主要精力放在制造大型的超级战列舰上。因为在日俄战争中，日本的战列舰显示出神威，一举击沉了俄国的多艘舰只。自此，日本信奉大炮巨舰主义，认为建设日本的联合舰队依然要以战列舰和大口径舰炮为中心，航空母舰和海军航空兵只是辅助兵力，起到保护主力舰的作用。为了装备大口径舰炮，日本海军开始实施建造“大和”号、“武藏”号等巨型舰只的造舰计划。这种巨型战列舰的体积大、重量大，排水量达 72000 吨。

山本对此造舰计划表示了强烈反对。他认为，战列舰再大，也难免被击沉。在海上作战中，飞机的机动性和灵活性远比战列舰要大得多。飞机将成为未来海战胜负的决定性力量，而战列舰在尚未发挥出作用之前，就有被飞机击沉的危险。所以，未来海战中，巨型战列舰将成为无用的庞然大物。所以，他希望将建造巨舰所花费大量的金钱和材料都用于海军的航空建设上。而当时支持山本的只有霞浦航空队的副队长兼教育长桑原虎雄及一些飞行教官。

主张建造战列舰的主要代表人物是当时海军军政部长中村良三大将和末次新政大将。他们反驳山本，迄今为止，没有一艘战列舰是被飞机击沉的。虽然山本找不出实例来证明自己的理论，但他仍然坚持航空制胜思想。他曾来到负责“大和”号、“武藏”号的造船界专家福田启二的办公室，断言今后海军建设的重心将由军舰转向飞机，巨型军舰和大口径舰炮将成为过去。此言给福田泼了冷水，作为一个技术工作者，他正竭力建造出世界一流的大型军舰。他向山本解释，该舰甲板的内部结构是采用蜂巢型的，即使遭到来自高空的炸弹轰炸，也不容易穿透，覆盖在“大和”号、“武藏”号心脏部位锅炉室上的甲板，采用的都是厚 38 厘米带有 180 个直径为 18 厘米的孔洞的蜂巢钢板。山本一再反对无效，“大和”号、“武藏”号仍然进行了建造。以后，正如山本所预料的一样，这两艘战列舰还没有发挥其威力的时候，就被美国的飞机击沉了。

“大和”号战列舰

日本金刚级战列舰“榛名”号

战舰派还以潜水艇的实例来反驳山本。因为在潜水艇刚刚出现的时候，世界各国并不知悉这种新兵器的威力，甚至误认为其威力高于主力舰，建议废除主力舰。然而，潜水艇在反潜武器出现后，其威力顿减，根本不可能与主力舰相提并论。以此推断，飞机这个新式武器可能与潜水艇有同样的命运，不应该将之评价过高，飞机制胜论只是一家之言。山本认为，潜水艇和飞机最大的区别在于速度，飞机速度快，军舰是不可比拟的。所以，飞机必然会在未来海战中居于主导地位。

在山本出任航空本部技术处处长时，明确指出，飞机是未来海战的主要武器。在竭力呼吁的同时，他还积极进行着技术创新。以前，日本不能独立制造飞机，引进英法德等国的飞机，并拆卸其零部件进行模仿，被英法等国家讥讽为“猴子民族”。山本就任后，为促使日本航空事业的独立和发展，他提出的口号是“一切国产化”，改变日本从外国引进飞机的状况，自力更生，本国自主研制飞机。山本尽可能地在其职权范围内加强日本海军飞机的研制和改进。山本部下本多伊吉这样评价山本：

日本潜水艇艇员通过潜望镜进行侦察

大体说来，包括日本海军大学在内，为了赢得战争，他们虽然知道要使用先进武器，然而却很少有人想到如何去研制这些先进武器。这正如他们下将棋时，只知走棋子却不去想制造棋子的方法一样。而山本则不然，在他的头脑中，不但早就有国家总体战略思想，而且为使之付诸实践，还做出了不懈努力——为提高日本海军的战斗力而竭尽全力研制飞机。

在山本的支持下，1932年成立了集维修和制造于一体的综合实验机构。他还经常访问日本的三菱和中岛飞机制造厂，鼓励他们多研发性能良好的飞机。1933年由三菱工业公司设计制造生产了“八式特种侦察机”①，这种飞机经过改造后投入生产，1936年被称为“九六式”陆基轰炸机②。

这是一款航程远、性能优良的飞机。是一款双引擎活动式起落架飞机，有两台活塞式的发动机，机身细长，全金属蛋壳式结构。机身长16.45米，翼长25米，采用考究的全金属单壳式结构，重量8000公斤，舰程4000公里，最大时速788海里，机上最多可携带800公斤炸弹，并有机关炮一门和机枪4挺，机组7人。“九六式”陆基轰炸机的诞生，标志着日本的飞机制造技术已经达到了世界先进水平。

山本制造这种大型飞机，其战略目的是“逐步消耗敌方的实力”。美国海军实力与日本相比较，占有绝对的优势。假使美日开战，美国舰队横渡太平洋向西进击日本的话，日本海军可以用这种飞机到近海以外的上空去迎击敌人，削弱美国舰队的力量。如果使用航空母舰上的小型舰基机，就其索敌和

①昭和八年研制成功，故有此称呼。

②日本天皇纪年2596年制造，故有此称呼。

攻击半径而言，未必能取得对敌优势。日本占据的南洋各岛可以供这些陆基轰炸机起飞，必要时还可以将飞机从这一个岛屿的基地迅速转移到另一个岛上，以便达到攻击美国舰队之目的。

该飞机的第一次实战便用于中国的战场上，却遭到了惨败。

淞沪战役爆发后，为了配合日本陆军作战，日本海军军令部组成特设航空部第 1 联队。1937 年 8 月 14 日，日本派出 18 架“九六式”陆基轰炸机分别从台北和高雄起飞，对杭州、广德、南昌、南京等中国空军飞机场进行大轰炸。其中 9 架飞临杭州笕桥机场上空实施轰炸。当时，中国空军的第 4 大队调防杭州笕桥机场刚着陆，即遭日机空袭。他们各个抱定誓死捍卫国家领空安全的决心和斗志，不顾飞机没有加油、油料缺少的现实，在大队长高志航的率领下，所属 3 个中队 27 架飞机紧急升空抗击。中国空军“四大金刚”①的高志航、李桂丹各驾驶着美制的“柯蒂斯·霍克 3 型”飞机，分别击落了 1 架日机。经过 30 分钟的激战，中国空军共击落日机 3 架、击伤 1 架，以 3：0 的光辉战绩击败日本的“九六式”陆基轰炸机，而中国空军第 4 大队仅有 1 架战斗机轻伤。此次空战史称“八一四空战”。此次空战是中国空军抗击日军空袭的第一次作战，以日本空军失败告终，极大地鼓舞了中国军民抗日斗志。为纪念首次空战胜利，中国国民政府特别将 8 月 14 日这一天定为“空军节”。

虽然“九六式”陆基轰炸机首次实战没有获得胜利，但是在此后的空战中，逐渐显示出它的优势和威力。该飞机作为日军轰炸机的主力，对南京、南昌、武汉、成都、重庆等城市进行长期轰炸，对中国人民犯下滔天罪恶，

①中国空军四大金刚分别是高志航、李桂丹、乐以琴、刘粹刚。

中国民众死伤惨重。日本方面却对此大肆进行宣传。

各国航空专家极为震惊，没想到一直善于模仿其他国家飞机技术的日本，竟然在这么短时间内在航空技术上取得了突飞猛进的发展，自主研制生产了具有自动驾驶仪和无线电装置的先进飞机，并且能在极端恶劣的气候条件下，往返飞行 2000 公里实施轰炸任务，这是不可思议的。毋庸置疑，这其中倾注了山本五十六的无数心血和汗水。从设计的第一张图纸开始，山本就经手参与，直至研制成功。投入空战后，山本一直予以关注。在遭到重创时，思考其原因，找出飞机的差距在哪里。在取得一系列“战果”后，他为其呐喊助威，促使日本的法西斯分子更加狂热地推崇战争。

为了将航空制胜论付诸实践，他为航空事业的发展殚精竭虑，死而后已。山本升任航空本部部长后，为了满足日本海军的需要，他加速了制造飞机的进程。他思考制约日本航空业发展的因素，找出各种解决办法，并采取有效的发展措施。三菱重工业公司是日本最大的飞机制造厂，山本每月至少去三菱重工业公司名古屋工厂访问一两次，询问各种生产情况，协助其解决了许多实际问题，加速了其生产能力。他经常询问飞机的性能如何，飞行员驾驶的感觉怎样等，甚至还亲自开飞机试飞。据统计，“二战”期间由三菱重工业公司和中岛公司生产的“九六式”陆基轰炸机共有 1048 架之多。

由于山本坚持不懈地宣传航空制胜论，加之飞机已经在各国海军实战中显示出威力，使得日本各界逐渐认清了飞机在国防建设上的重要性。尤其是中日战争爆发后，飞机的需求量越来越大，单靠三菱、中岛两家公司已满足不了战争需要了。山本准备建立一支更加强大的航空工业技术队伍，促使日本航空业迅猛发展。

他会晤了日本的三井、住友和日立三大公司的董事长，诚恳地表示日本目前急需飞机，希望他们能为了日本帝国的长远发展，与政府合作，帮助日本在战争中获胜。如果那样，他们将是日本帝国的功臣，为日本国民所敬仰。为了表示对他们的尊重，山本还深深地鞠了一躬，这让他们深受感动。日立公司的董事长小平浪平当场表示愿意合作。但是顾虑到缺乏技术力量，希望山本想办法将被国家征用的技术人员悉数召回。山本答应了他们的要求，会晤后便兑现了诺言。日立公司开始筹建日立飞机制造公司，经政府同意，在千叶专门从事飞机的生产。到战争结束时，已经生产出无数的飞机发动机和机体。

在山本的支持下，日本的航空业得到迅速的发展。日本的航空工业在第二次世界大战期间，生产飞机的数量一度跃居世界第二位，这与山本的努力是分不开的。

相关链接：

世界上最大的战列舰——日本“大和”号战列舰

“大和”号战列舰，是日本海军建造的历史上最大的超级战列舰之一。1935 年由福田启二大佐设计，1937 年 11 月在吴港造船厂动工建造，1940 年 8 月 8 日下水，1941 年 12 月 16 日竣工。

技术参数：

标准排水量 63980 吨，试航排水量 68010 吨，满载排水量 72808 吨；

舰体全长 263 米，水线长 256 米，垂线长 244 米；

舰宽38.9米，水线宽36.9米；

型深18.915米，平均吃水（试航）10.4米，满载平均吃水10.86米；

动力是4台蒸气涡轮引擎，12台锅炉，功率153000轴马力；

乘员：2200人；

航速：27节，续航力7200海里/16节，储油量6400吨；

武备：9门“九四”式460毫米/45倍口径主炮，3联装3座；12门155毫米副炮，3联装4座（改装中拆除了2座）；12门“八九式”127毫米高炮，双连6座；24门“九六”式127毫米炮，双联装12座（改装中增加了6座）；156门25毫米炮，3联装45座、单装21座，4挺13.2毫米机枪，双联装2座；舰载机7架；

装甲：装甲总重22895吨，主装甲带410毫米，水平装甲200毫米。

从技术参数来看，9门460毫米巨炮是当时口径最大的战列舰主炮，也是人类历史上投入实战最大口径舰炮。它在火力和防护方面创造了多项世界第一，号称“不沉巨舰”。缺点是三联的155毫米副炮的防护能力弱，仅能抵抗炮弹碎片的袭击，而且为追求稳定性而设计成的粗短舰型使最大航速只能达到27节。

参战记录：

1.1942年5月29日作为山本五十六联合舰队旗舰首次参加中途岛海战，但居于后方，没有参加实战。

2.1943年10月，“大和”号和“武藏”号、“长门”号从特鲁克群岛出发，寻机与美机动舰队决战，但未发现目标。12月25日，“大和”号在特鲁克以西180海里被美军潜艇鱼雷击伤。

3.1944年马里亚纳海战中，“大和”号被编入第一机动舰队掩护航母作战，但战果无几。

4.1944 年 10 月莱特湾海战中，被编入栗田舰队作战，在萨马岛海面与美军护航航母编队交战。

5.1945 年 4 月 7 日“大和”号战列舰在冲绳岛战役中被美军飞机击沉于日本九州西南 50 海里处。

“大和”号战列舰虽然是人类有史以来建造过的最大的战列舰。但是，其完工时恰逢战列舰主力地位被航空母舰取代之时，日本海军一直将其当作“大和”民族的一种象征，不到万不得已，不加以使用，致使“大和”号在建成后被当成联合舰队的水上豪华饭店使用，被批评为“大和旅馆”。对实力不足的日本国力和日本海军兵力来说，这无疑是巨大的浪费。

日本“九六式”陆基轰炸机

山本任航空部技术处长期间，三菱公司于 1933 年研制“八式特种侦察机”。1934 年，这种飞机在加以改进后称为“九式中型陆攻机”。1936 年，在山本任航空本部部长时，该机投入批量生产，被称为“九六式”陆基轰炸机(三菱 G3M)。

这是日本第一种双发动机、起落架可收放飞机。总设计师是本庄季郎，此外还有久保富天、日下部信彦、尾田弘治、福永说二、高桥已治郎等。它的出现，标志着日本飞机制造技术在 30 年代中期达到甚至超过世界先进水平。

技术参数：

机身长 16.45 米；

翼长 25 米；

重量 8000 公斤，采用考究的全金属单壳式结构；

舰程 4000 公里；

最大时速 788 海里；

机上最多可携带 800 公斤炸弹，并有机关炮一门和机枪 4 挺；

机组 7 人。

/ 米内——山本体制时代 /

1936年12月，在航空部本部长职位上刚刚工作一年的山本五十六，又被升迁为日本海军省次官。此时，日本的国内形势与前几年相比，又发生了很大变化。

在山本就任航空部本部长时，日本陆军的少壮派官兵发动了以下犯上的“二二六”政变。因为在日本军队内部，激进的中下级少壮派军官组成的“皇道派”与军队的高阶将领组成的“统制派”一直矛盾重重。为了使日本走法西斯军国主义道路，“皇道派”准备“清君侧之佞臣，粉碎重臣集团”，除掉阻碍法西斯发展的“统制派”，“用大和民族主义来改革帝国”，进行“第二次维新”。1936年2月26日，陆军第1师团的第1步兵联队、第3步兵联队和近卫师团的第3近卫步兵联队的1483名中下级军官发动政变。他们的使命是分别刺杀支持裁军的首相冈田启介海军大将、内大臣斋藤实海军大将和侍从长铃木贯太郎海军大将，主张削减陆军预算的藏相高桥是清子爵、陆军教育总监渡边锭太郎陆军大将，以及亲英美的元老西园寺公望公爵和牧野伸显伯爵。在事变中，藏相高桥是清、海军大将斋藤实、教育总监渡边锭太郎惨遭杀害，冈田启介、铃木贯太郎等在官邸受到袭击后负伤，幸免于难。整个东京笼罩在一片恐怖之中。少壮派军人占领了陆军省、参谋本部、国会大厦和首相官邸等政治、军事中心，同时占领了东京五大报纸的报社，要求各报刊登他们的《崛起宣言书》，并到处张贴“尊皇讨奸”、“七生报国”等标语，勒令影院剧院关闭、电台停播文娱节目。

当时被袭击的侍从长铃木贯太郎、总理大臣冈田启介和内大臣斋藤实都是海军重臣，也卷入了这次事变中。海军内部的一部分青年军官对陆军的叛乱持支持态度。他们跑到航空本部山本的办公室中，请求山本：“陆军采取如此重大的行动，我们海军不能表示沉默，不能袖手旁观。”山本听后，很少发怒的他竟然拍案而起，狠狠地训斥了他们，告诫他们不可参与此事。在山本看来，日本目前的重心是要举国一致地进行陆海军建设，以便将来有与美国抗衡的实力，而不能偏离方向，舍本求末。对于皇道派这种以下犯上的叛乱行为，不能置之不管，必要时也要采取行动。他对古川敏子和森村勇说过：“如果陆军做得太过分，使叛乱恶化下去的话，海军也要出面干涉，最终难免同陆军兵戈相见。”但是以他当时的职务，无权发出任何指示或采取任何行动，也只能静观事态发展。

当时在“二二六”事变中幸免于难的侍从长铃木贯太郎，是山本比较尊敬的一位老前辈、老上级。当年他以少尉实习生之身份任“宗谷” 舰队的指导官，铃木为该舰的舰长，对他十分关照。所以，山本一直对铃木有感恩之情。据说铃木在中日战争开始时对日本的国力表示担忧。他说过，日本在这场战争中，无论胜负，都将降到世界上三等国家的地位。山本也持有同一观点的。得知“二二六”事变发生的消息，他第一时间即想到了铃木的安危。于是，他急派一位海军军医和东京帝国大学的外科医生近藤博士赶往铃木的住所，为其医治，才使得他转危为安。9年后，铃木出任了日本首相，并在日本无条件投降的决策中起到了关键作用。

2月28日，在天皇的施压下，军部下令镇压讨伐叛军。至此，4天的叛乱结束了，海军和陆军并没有发生冲突。不久组成了广田弘毅内阁。具有讽刺意义的是，“皇道派”发动政变时所要求的军部独裁、国家政权法西斯化等，却在广田弘毅内阁时期得以实现。广田内阁顺从了法西斯分子的意志，加快了对外扩张的步伐，其内阁一上台便体现了陆军的主张，确定了“在外交、国防密切配合下，在确保帝国在东亚大陆上的地位的同时，向南洋加紧发展。”的国策，从而使日本大大加速了发动全面侵略的战争步伐。“二二六”事变表面来看被镇压下去了，但是陆军内部，却留下以下犯上的风气，以至于后来发展到了只要政府不按陆军意图行事，陆军就向政府施加压力，甚至拒绝向内阁推荐大臣，或以武力相威胁的行为。

山本得知要赴海军省担任次官的消息，没有任何喜悦之情。他正全身心致力于海军航空事业，突然又去从政，心中并不情愿。而且，现在的日本政坛多变，与其周旋于各个派系之间，还不如踏踏实实地在航空本部继续做一些实际的工作。在海军大臣永野修身的强力邀请下，他勉强地答应了。果不出其所料，在他做次官不久，日本就发生了“以切腹为誓的辩论”，由此又引发了一次政坛之变。

1937年初，针对军部干预政治的做法，政友会滨田国松在国会上发表演讲，措辞尖锐地指出军部的独裁政治的思想，已破坏了日本安邦治国之道，并指名陆军大臣寺内寿应该剖腹自尽。而陆军方面的反应强烈，寺内寿要求政党反省，并主张内阁召集会议，解散国会。双方剑拔弩张。在解散内阁问题上，山本表示反对，毕竟政坛的变化对于日本的长期发展是十分不利的。但永野修身在这个问题上摇摆不定。最后，国会虽然没有被解散，但陆军态度强硬，拒绝与政府合作，从而导致了 1937 年 1 月 23 日广田内阁的垮台。

1937 年 2 月 11 日，林铣十郎组阁就任首相。经山本的斡旋，他的好友米内光政替代永野修身就任了海军大臣。山本仍为海军省次官，他积极配合米内，从而开启了海军省的米内—山本体制时代。

米内光政，海军大学毕业。1904 年参加日俄战争。曾历任日本驻俄国、波兰、德国、中国大使馆武官。1932 年后，历任第 3 舰队司令长官、第 2 舰队司令长官、横须贺镇守府司令长官等职。1936 年任联合舰队司令长官。1937 年，成为林铣十郎内阁的海军大臣，晋升海军大将。

山本五十六与米内光政，二人志同道合，友谊深厚。早在日本海军炮术学校时期就相识了，他们同任教官，当时米内是大尉，山本是中尉，他们同吃同住，一起锻炼，许多观点不谋而合，彼此非常信任。在林铣十郎组阁时，永野修身已不能再担任海军大臣。这时，山本拜托永野推荐米内继任他海军大臣的职务。而永野则担任了米内联合舰队司令的职务。这样，山本和米内得以在海军省共同任职。

米内赏识山本，知道这样的好搭档甚为难求，故对其信任有加。每次参加内阁会议回来，他总把详细内容告诉山本，山本则毫无忌讳地指出其优缺点。但每逢正式场合，山本对米内表现出特别的尊重，聆听他的教诲。公事之外，他们又恢复了原有的状态，有说有笑，无所不谈。在许多公开场合，米内都对山本由衷地肯定，为有山本这样一个的助手而深感欣慰。当时的副官兼大臣松永敬介少佐深有感触地说：“如果说米内是斧子，那么，山本便是矛。”这确实是对米内—山本体制时代他们二人关系的最形象描述。

米内长期担任日本驻外大使馆的武官，对日本的国力、国际形势等都有自己的真知灼见。对于英美等强国，米内光政坚持与英美进行协调外交的政治主张。这在当时被一些主战派认为是主和派、投降派。在 1935 年和 1936 年前后，米内曾经对《二六新报》记者松本赞吉说过，日本人民从没有吃过败仗，如果战争失败，一定会引起社会混乱，他对此非常担心。因此，他反对扩大战争。

山本担任次官赞襄海军行政事务以来，担负起海军政治上所起的作用。卢沟桥事变爆发后，日本法西斯分子对扩大战争处于一种癫狂状态。他们要求动员日本国内的一切力量，借机一举击败中国。陆军一再宣称，要 3 个月解决中日战争。山本等人主张不扩大战争，认为真正阻碍日本扩张的是苏联和美国，日本应该在国内进行战备训练，不主张将兵力消耗在中日战争的泥潭里，给苏美以可乘之机。他认为当前日美矛盾已经日渐尖锐，战争一触即发。他担心日本一旦陷入了对华战争中不能自拔，势必会影响对美作战。所以，他积极支持米内的主张，制止陆军的独断专行，统一海军内部的思想，反对扩大战争。

从甲午中日战争始，日本对华战争一直获胜，并且从中获取了巨大收益，补充了国内资源的不足，为经济的发展提供了资本和原材料。所以，他们以“主权线”“利益线”相号召，动员民众支持战争。中日战争爆发后，主战派扩大战争的呼声很高，并且在日本国内占有一定的优势地位，全民都处于一种非理智状态。正如绪方竹虎所言：

当那些狂人起步迅跑的时候，那些本未发狂的人，也会随之疾驰。日军在中国大陆上所向披靡、节节胜利的时候，甚至连那些对日中战争漠不关心的人，也开始为战争寻找理由和依据，设法肯定日本所发动的战争是对的。

在这种错误潮流面前，要想保持头脑冷静是相当困难的。米内和山本则是在这股逆流中能正确分析形势、审时度势之人。

山本在历时2年9个月的次官生涯中，经历了日本的四届内阁：广田弘毅、林铣十郎、近卫文麿和平沼骐一郎内阁。其中，山本和米内共同经历林铣十郎、近卫文麿两届内阁。他们团结一致，反对陆军一味地去干预政治之做法。他们首先从自身做起，采取措施，控制海军内部的强硬派，统一海军内部的思想。面对社会上所评价的“无知的陆军、软弱的海军”的议论，他们不加理会。米内常常说“人不犯我，我不犯人”，也是海军的一个处世之道。他们拒绝向当时的潮流妥协，同海军的强硬派、陆军的右翼分子展开了斗争。其实，很多时候，他们拒绝向陆军妥协，是为了维护海军的地位、同陆军保持平衡的需要。

其实，对于近卫文麿首相，山本等海军人士也颇有微词。认为他意志薄弱，一味地推卸责任，在重大问题的处理上，他没有调和双方矛盾的能力，而是让有分歧的双方无休止地争论下去。他经常希望海军出来表态，把对方攻击的锋芒引向海军。对此，山本很不满意。

也许因为山本这种直言不讳的性格特征，使得近卫内阁不敢轻视他，反而对其意见更为重视。比如近卫在选派外务次官问题上，准备启用白鸟敏夫。他在处理伪“满洲国”问题、日本退出国联问题上态度强硬，近卫认为他是日本对外扩张、侵略得力的“有豪杰气质的外交官”。当时的陆军大臣板垣征四郎强烈推荐他，但近卫恐怕米内—山本领导下的海军省不同意其当选，所以，派元老西园寺公望的秘书原田熊雄前往摸底。米内对此不置可否，而山本却观点明确地指出：

海军的人插手海军部以外的人事问题，这是海军历来的传统所不允许的。如果想让白鸟任海军次官的话，恐怕我是要表示反对的。可是，若让他出任外务省次官或外务大臣，那海军没有理由说三道四的。特别是作为海军次官的我，更不能开这个头，去干预海军部以外的人事问题。对白鸟，我并不太了解，只是偶然的机会，因间接的关系，才对他的品行和为人有所领略。如果我直接打交道的那些人，不是白鸟亲自差使的人，那我也就没有什么想法了。恰恰相反，那些人真是白鸟手下最得力的人。他们的行为是官吏纪律所不允许的。当然，如果是总理大臣、外务大臣，出自政治上的某种需要，无论如何也要任用白鸟为外务省次官的话，那么，作为帝国海军来说，是绝对不会从中设梗或说坏话的，更不能揭露白鸟的缺点。而且在工作上，我们还一定会给予支持或协助。尽管难免也会有发生矛盾或意见不一致的时候，但那样的话，我们可以堂堂正正地去进行斗争。这里，我丝毫没有掺杂我个人的任何恩怨或私心，只是你特意来问我，我才不得不这样说。所以，如果你允许我再补充一句的话，那我就要说，我想作为总理大臣，是不会曲解我的话，是一定能予以宽谅的。

山本这番话正是海军大臣米内所要表达的。在外务省次官的任免问题上，作为主要负责人的米内唱红脸，山本唱白脸，充分表达了海军省的反对意见。海军省不希望主张扩大战争的右翼分子当政，即使知道会因此得罪陆军大臣板垣征四郎也无所顾忌。果然，近卫首相尊重了米内和山本的意见，提拔白鸟之事作罢。

另外，近卫文麿推选末次信政担任海军参议员之事也遭到了海军省的反对。近卫提出“内阁参与制”，任命了松冈洋右、乡诚之助、末次信政等为参议员。其中，末次信政为海军“战舰派”的首脑人物。他鼓吹扩大对中国的侵略，在海军中网罗了许多右翼分子，他本人对松冈洋右言听计从。近卫准备让末次代表海军出任参议员。但当他询问米内的意见时，却遭到了反对。米内说，海军中除了海军大臣以外，任何现役军官，包括次官都没有参与政治的权利，这是海军的传统。既然让末次出任内阁参议，那么，他自然应该列为预备役之内。这一次，米内坚决反对，没有任何商量的余地，让近卫非常尴尬。

既然米内明确反对末次担任海军参议员，近卫转而又酝酿末次担任内务大臣职务。对此，山本表示出不满。他宣称，如果末次就任内务大臣并坚持他的反英主张的话，那就是置日本国家的现状和国际环境于不顾，就是愚昧加荒谬，是毫无自知之明和丧失警惕性的表现，不能审时度势决定国策，就是对帝国的不忠。其实，山本就是告诫末次，海军省反对他的反英立场，如果他一味地坚持，海军省在必要时可能会加以阻止的。虽然末次在 1937 年 12 月 13 日担任了内务大臣，但他知道山本等人的反对，内心惶恐不安，极不自信。

可见，在米内—山本体制时代，由于他们的精诚团结，通力合作，在海军中形成了坚强的领导核心，有效地抵制了来自各方面的压力，合力处理政党与右翼之间的矛盾与冲突。不仅控制住海军内部的强硬派，对陆军的主战立场也竭力抵制，尽量避免日本过早地卷入战争。

虽然米内、山本竭力反对扩大战争，但并非出于热爱世界和平、主张友好的目的，而是建立在维护日本长远发展的基础上的，是从本民族利益出发的狭隘的民族主义。在当时也称为反战派。海军省虽然不如陆军强硬，但稳中有进，其立场在国家中占有一定的地位。在中日战争中，如果没有海军的参与，陆军也不会掀起全面侵华战争的。

1937 年 7 月 7 日，米内和山本所担心的中日战争还是爆发了。米内光政在日记中这样写道：

> 1937 年 7 月 7 日，发生了卢沟桥事变。9 日，陆军大臣在内阁会议上，陈述了各种理由，要求派兵前往中国。海军大臣表示反对，强调指出：要尽力防止事态扩大，争取尽快和平解决为上。在 11 日举行的五相会议上，陆军大臣又提出来派遣军队的具体方案。与会者全面地分析了当时的形势，最后还是不主张出兵。在这种情况下，陆军大臣依然坚持自己的意见，并声称：倘不派人前往，我天津的 5500 名官兵和京津地区的侨民的安危将不堪设想，焉有见死不救之理！在陆军大臣一再呼吁的情况下，会议很不情愿地通过了他的主张……
>
> 从陆军大臣的态度和要求看，给人的印象是：派兵纯为救援，只求使天津的官兵和京津地区的侨民脱险，别无他图。
>
> 然，海军大臣考虑再三，生怕陆军以派兵救援为名，扩大事态，达到全面侵华之目的。因此一再声明：派兵前往必将导致事态扩大，力求争取和平解决乃为上策。

可见，最初由米内主持的海军省反对增兵，力求和平解决，反对战争扩大。当时的海军次官山本五十六得知卢沟桥事变爆发的消息，也对陆军少壮派挑起战火非常气愤。他和米内商议对策。随着战争形势的发展，见日本陆军已经扩大了对华战争，已经无可挽回，所以他们二人马上转变了观点，主张对华增兵，尽快击败中国，结束战争，以免日本在战争中消耗过大，即速胜论。山本发誓从此戒烟，直到中国的统帅蒋介石投降为止。山本不饮酒，抽烟和喝咖啡是其平生最大的爱好，他宁愿舍弃自己最大的爱好来赌取日本的获胜。这时，他已经不再是战争的反对派了，而成为一个支持战争的战争赌徒了。而他没有想到，由日本单方面挑起的中日战争本身就是一场正义和非正义之间的较量，日本的侵略必定遭到中国全民族的抵抗。中国人民同仇敌忾，使日本兵力陷于中国战场上不能自拔。山本戒烟也是徒劳，也无法赌取日本的获胜。

尤应指出的是，米内—山本时代的日本海军已经全面卷入了对中国的战争。卢沟桥事变后，日本陆军在华北节节获胜，极大地刺激了日本海军的野心。驻上海的日本海军一再向日本国内请求增兵，扩大战争。于是，日本海军决定发动更大规模的战争，在陆军的配合下对上海作战，将战火扩大到华中和华南。1937 年 8 月 12 日，根据米内的要求，内阁召开了有首相、海军省、陆军省、外务省参加的会议，米内正式要求陆军出兵，他们确认了向上海增兵的方针，以第 3 师团、第 11 师团为基干组成上海派遣军，与驻上海的第 3 舰队相配合，组成海军陆战队。米内竟然以强硬的态度表明："不扩大主义已不复存在"，甚至主张占领南京。8 月 13 日，日本海军陆战队便以租界和停泊在黄浦江中的日舰为基地，对中国上海驻军发动了突然袭击，淞沪会战爆发。8 月 16 日，日本海军派在旅顺口并准备在青岛登陆的横须贺镇守府第 1 特别陆战队、吴镇守府第 1 特别陆战队共 1400 人，佐世堡海军陆战队 2 个大队 1000 人来增援上海。日军在舰炮优势的攻击下和掩护下，夺取了沿江一些重要据点并陆续登陆，向上海守军发起大规模进攻。在上海人民和全中国人民的支持下，上海中国驻军奋起抵抗，双方都不断增兵，战争不断升级，会战持续 3 个月之久。米内、山本在侵略中国问题上，由不扩大主义转变为速胜论，观点前后矛盾，思想转变之快令日本内阁成员都瞠目结舌。

淞沪战役是由日本海军直接发动的，身在东京的海军次长山本五十六时刻关注着战局的发展，负责许多具体的工作。他积极部署海军增兵事宜，封锁中国沿海，调动海军航空兵支援陆军进行轰炸、侦察等重要任务。日军投入 10 个师 28 万人的兵力，其中海军动用军舰 30 余艘，飞机 500 余架。在日本飞机的轰炸中，无数无辜的中国平民死于炮火之下，哀鸿遍野、生灵涂炭。山本五十六虽没有直接参战，但手上同样沾满了屠杀中国人民的鲜血，对中国人民欠下了滔天血债。

／ 反对三国结盟 ／

战争一天一天扩大，日本陆军以下克上的倾向日渐严重，这些因素直接导致日本国家偏离正确的方向，步入了战争扩大化的歧途之中。1938 年以后，日本酝酿与德意签订“三国同盟条约”。对此，山本等人非常忧虑。他意识到，照这样发展下去，日本与美国之间的战争在所难免，如果同美国开战，日本海军的实力明显弱于美国，所以，必须采取积极有效的措施，避免同德意结盟，避免与美发生海战。

除了米内、山本宣传反战思想外，还有一位叫井上成美。他们当时分别出任海军省的海军大臣、次官和军务局长，在当时形成了一派，坚决抵制陆军和海军中右派的观点和各种错误行径，反对扩大战争，黑潮会的记者们称他们为海军中的左派，也有人称他们为“反战三战车”“海军内部的反战三角”。最后，连战舰派的记者们也不得不称他们是海军中的“三杰”。

井上成美，1889 年出生于日本宫城县，毕业于日本江田岛海军兵学校第 37 期，晚于山本 2 届。因拥有无比流利的英语能力，曾被政府长期派往日本驻美国、法国、意大利等国使馆担任海军武官，眼界与思想也随之发生了变化。1929 年返国出任日本海军大学的战术教官，2 年后被提升为日本海军省军务局第 1 课课长。在日本朝野上下崇尚侵略之风时，井上与米内光政、山本五十六观点相同，反对日本扩大战争。井上成美的反战思想比米内和山本更为坚定。当时，军令部总长提出了一套行政改革方案，其主要内容是扩大军令部的权限，使其作用相当于参谋本部，旨在削弱海军大臣的领导作用和权限。如果军令部的权力扩大，海军大臣的权力被削弱，那么爆发战争的危险无疑为之增大。所以，井上坚决反对，收集了大量资料予以反驳，使对方无言以对。军令部对其恫吓，准备暗杀他，但他毫不动摇，甚至准备了一份遗嘱。最后，他为此丢掉职位，被降职到横须贺镇守府去任副职。井上为了反战将生命、职位置之度外的精神，令反战派非常钦佩和赏识。

1937 年，米内光政大将复出重任海军省大臣，他提拔了井上成美晋升少将并执掌海军省军务局，此时的山本仍为海军省次官。从此，“海军反战的铁三角”又重新组合了。他们组成了非常协调的指挥系统，努力阻止日本卷入战争的旋涡，代表海军反对同德意结盟。

井上成美后来回忆道，1937 年到 1939 年，他任军务局局长期间，几乎把一半的时间和精力都用在反对三国结盟问题上了。他认为在陆军的高压下，他所做的一切努力都是徒劳的。他对海军中同陆军的思想发生共鸣、持与陆军同样观点的那些青年军官，只是采取了消极防御的态度，并没有采取积极有效的有力措施，以后深感自责。但井上还是控制住了海军下属们的激进行为，没有让他们发展到像陆军那样狂妄孤行的程度。井上后来博得了“海军有史以来最佳军务局长”的美名。

在米内一山本时期，三国同盟问题一直困扰着米内、山本等主持的海军省。早在1938年，三国同盟问题就已经提出来了。山本认为此思想是日本陆军在德国的授意下策划出来的。法西斯德国与日结成同盟之事策划已久。1933年，希特勒上台后就着手发动侵略战争的准备，疯狂地进行扩军备战。而此时的日本在东方也加快了法西斯化的步伐，侵占了中国东北以后，继续扩大战火，1936年广田弘毅的组阁表明了日本军事法西斯专制体制已经完成。德国与日本都有着侵略扩张的共同目的，早就酝酿要与日本联合一致，共同对敌。早在1934年山本参加伦敦裁军预备会议时，德国裁军事务代表、驻国际联盟大使、后任德国外交部长的里宾特洛浦即看好山本的能力和素质，特意邀请山本回国时顺路到柏林参观，并打算让希特勒接见他。但山本没有答应与希特勒见面，与里宾特洛浦也没有进行深入的交谈。中日战争爆发后，急于走上侵略扩展之路的法西斯德国也确定了一个大规模的扩张计划。为了重新瓜分世界，希特勒试图与日本缔结一个军事同盟。1938年，里宾特洛浦向日本参谋本部驻德国使馆的副武官大岛浩提出建议，设法签订一个同盟条约，使德日之间的关系更为密切。为此，双方开始密切接触，酝酿条约内容。德国为了取悦日本，取消了对华部分援助，撤回了给蒋介石当军事顾问的德国代表团，公开支持日本。

在第一次世界大战期间，日本虽然站在协约国行列，但日本陆军的一部分人在言行上公开支持德国，赞赏德国陆军的勇敢，有的主张和德国结盟。希特勒上台后实施的一系列法西斯专政的举措和哗众取宠的自我炫耀，令日本陆军的法西斯分子更是为之倾倒。当德国主动向日本示好后，日本陆军再也按捺不住了，要求同德缔结条约。为顺利结盟，参谋本部和陆军大臣板垣征四郎对内阁施加压力。最后，阻碍德日间缔结同盟的日本驻柏林大使东乡茂德从柏林调往莫斯科，由副武官大岛浩接替他的职务。不久又任命了主张与德意缔结同盟的白鸟敏夫为驻意大使。1938 年 8 月，日本陆军省给大岛浩发了电文，同意与德意结盟。在日本陆军给内阁频频施压，板垣征四郎要求立即召开五相会议，审议“大岛和里宾特洛浦的提案”。在这种情形下，海军省的米内、山本和井上不得不介入与德结盟的问题。

1938 年 11 月 11 日，五相会议召开。米内等人认为，该条约主要目的是共同防共，没有针对英法的意思，而陆军的板垣征四郎也没有表示异议。于是，五相表示同意结盟，并将这个意见发电给日本驻柏林大使大岛浩。大岛浩却加以反对，认为与之前陆军发来的电报内容差异甚大，就给日本陆军施加压力。接着，板垣征四郎一改五相会议上的主张，在另一次五相会议上却改口说，日德结盟条约的内容虽然是针对苏联，但也有防范、针对英法等国之意。这种出尔反尔之论调，在会议上又引起了轩然大波。米内等人当场表示反对。近卫内阁左右不了局势，只好在“内阁意见不一致”的困扰下，提出了辞职。1939 年 1 月，平沼骐一郎组阁。平沼内阁为讨论缔结三国同盟，共召开了 70 多次会议。

海军省反对与德国结盟。米内、山本、井上三人意见一致，都认为与德国缔结军事同盟对日本来说，得不到任何好处。目前，日本正与中国作战，在外交上日趋孤立，军事力量已经陷入中国战场。如果此时再与以英美为首的西方强国为敌，只能有利于德国，而徒增与美国作战的危险性，毫无利益可言。如果缔结条约，就仅仅限于反共产国际协定方面，不应该将目标扩大，日本海军在当前形势下应极力避免与美国作战。

米内曾担任过驻德国使馆武官 2 年多的时间，凭在德国的经历和对德国所做的研究，他对德国非常反感。他曾说过，德国不论什么问题，总是从经济学原理第一章开始进行说教。他读过希特勒的《我的奋斗》之后，对德国的本质认识更深刻了。他认为历史上的德国就一向逞强好胜，当前的统治者希特勒更不能客观地分析和估计当时的国际形势和自己的力量，妄图建立一个欧洲新秩序以武力征服世界，这是极为危险的。

山本从海军立场出发，认为日本的主要敌人是美国，在对美战争的准备不够充分的情况下，与德国结盟是不明智的选择。目前日本应该全力解决中国问题，不应与美国为敌。他对陆军狂热分子主张与德国结盟非常忧虑，他认为照这样下去，日本势必会卷入战争，而且是以美国为对手。一旦战争爆发，日本的前途不堪设想。所以他极力避免发生战争。对刚刚平息的“珀内号事件”，山本还心有余悸。

“珀内号事件”发生在 1937 年 12 月 12 日。当时日军已经攻克了上海，准备进攻南京。为避免受到战争的伤害，美国“珀内号”炮艇载着美国使馆人员和一批新闻记者，拖着美孚石油公司的 3 艘驳船撤离南京城。不曾料想，刚离开南京口岸不久，日本海军航空兵奥山上尉率领 1 个中队的轰炸机对其进行狂轰滥炸，后日军汽艇又对他们进行近距离扫射。最后，美国“珀内号”和 2 艘驳船被炸沉。

消息传来，身为海军省次官的山本五十六非常紧张，担心美国被激怒，进而对日作战，所以他极力进行安抚。山本代表海军省发表声明：“这次事件的责任全在日本方面，海军应该诚恳认错”，并将事件的责任者海军第2联合航空队司令三并贞三少将免职查办。日本外相照会美国大使馆，对此深表歉意，并愿意赔偿一切损失。由于日本的“诚恳认错”态度和抚慰政策，一再解释弄错了“珀内号”的国籍，加上当时的美国也不想引发战争，此事不了了之了。山本紧张的情绪终于放松下来了。

一波刚平，一波又起。“珀内号事件”好不容易平息了，可是陆军又提出了要与德国缔结同盟条约，山本认为简直是火上浇油。他坚决反对结盟，故支持海军大臣米内在内阁中持强硬的态度，表明海军不支持的立场。

社会上的右翼分子和陆军中的战舰派的激进分子对海军予以强烈的指责。他们说海军平时要军费时，言必称要与强大的美国作战，而一旦现实即将来临时，又丧失了对英美作战的勇气，认为海军贪生怕死。而这其中最大的胆小鬼就是山本五十六，他在海军中的影响力甚大，海军省的观点和态度主要取决于他。于是，他们把憎恨的目光集中在山本身上。

陆军中的右翼势力指使社会上的一些激进分子去海军省闹事，还对山本进行威胁。那些人声称，宁愿坐五六年的牢房，也要暗杀山本，以在社会上博得盛名。在1939年春夏这段时间里，加害山本的呼声越来越高，有的甚至恐吓他说，某处已经安放了一批烈性炸药，只要他不幡然悔悟，就将他炸死。后来，警察逮捕了一个身上带有大量炸药的芝浦劳工，他供认说，炸药是准备在隅田川的河堤上寻机炸死山本的。由于陆军的干涉，此案不了了之。这时，各团体、单位、个人的宣言书、请愿书纷至沓来，如有“县有志议员”“爱国妇女会茨城支部”“茨城新闻社”“爱乡塾”

“至诚效忠天皇会”等茨城县13个团体。其中有一份宣言书这样写道：“签订日德意三国军事同盟条约，不仅是日本帝国存亡攸关的大事，也是当今世界客观形势所迫必须采取的国策。”军务局长井上看到此宣言书，非常生气，特意加了批注，认为“不合逻辑”“口出狂言，无知的妄说”“一批笨蛋”“混蛋”等。

其中，有一份威迫山本辞职的恐吓信这样写道：

海军次官山本五十六阁下：

日英一战势在难免。此战，乃以吾皇道建立世界新秩序之圣战。断绝与英邦交，缔结日德意三国军事同盟，乃吾帝国当今务须采取之紧急国策，舍此无以赢战。然，现今国内尚存一股依附于英国之保守势力，实为已亡“幕府”之续耳。贵官即亲英派之首，且勾结海相米内，竭力阻止维新国策之遂，实出尔等私利，现已昭然于天下。尔等之所为，使我帝国海军面临堕为重臣财阀私塾之危。贵官5月17日，往英国使馆参加晚宴，举亲英之觥，助英人士之所为，同翌日于鼓浪屿蒙受英、美、法干涉之辱，实出一理，系负吾疆场阵亡将士英灵，置兵卒劳于不顾之举。更有甚者，至今仍执迷不悟，一意孤行。国家兴亡，匹夫有责。吾等皇土庶民，出于护国之心，强民族之志，郑请贵官速辞现职。切切。

圣战贯彻同盟

1939年7月4日

这些递交劝辞书的人，还特意附上几句对山本威胁的话语：

请转告山本，如果他不立即辞职的话，本同盟将呼吁全国国民，使他陷入窘境。同时，我们还要采取更强有力的其他手段或措施，届时，勿谓言之不预也。

那时候几乎每天都有递交请愿书、弹劾信的人到海军省闹事，他们有“替天行道，诛杀山本”之气势。这个时候，山本换上西服，坐上出租车迅速躲避到涩谷区松涛的榎本重治家中，堀悌吉等几位好友正在那里等候他。山本马上坐下来，一边哼着“出征之歌”，一边和他们玩麻将，打发这难挨的时光。

山本表面上一副满不在乎的样子，实际上神经也变得紧张起来。他对古川敏子说，据说我的脑袋可以值 10 万日元。在生活中，他变得谨慎起来，不得不取消和情人河合千代子的约会。自从 1939 年 5 月以后，他每天像蚂蚁搬家一样，把办公室的东西都拿走了。每天休息的地方只有他秘书才知道，海军省还特意派专人保卫他的安全。

山本似乎做好了随时遇难赴死的准备。他预先写好了一份遗书。全文如下：

述志

自古来，以死报效君国乃军人之至高夙愿。战死于疆场或捐躯于后方，有何异哉？奋战沙场光荣而亡，易；排众议为己志而殉身，难。皇恩浩荡，国家久长！吾朝夕所思者乃君国之百年大计也，个人之生死、荣辱何足论哉。古语有言："丹可磨，而不可夺其色，兰可燔，而不可灭其馨。"吾身可灭，而吾志不可夺也。

山本五十六

1939年5月31日

于海军次官官邸

山本曾说过，"即使我被杀害，但只要能换来举国上下在目前战争问题上所持的主导思想有所改变的话，我虽死无憾。"他在记者招待会上态度鲜明地对记者说："在三国同盟问题上，海军不会再做出任何让步。照目前的势头发展下去，说不定什么时候会发生政变，我劝你们还是搭起临时办公的帐篷，早做准备为好。"他的态度坚决，表达了即使被杀也丝毫不改变海军的观点和立场。

右翼分子认为，如果想在社会上搞臭山本的名声、破坏他的形象的话，就要搜集他私生活方面的劣迹作为突破口。他们传话给山本，说掌握了他和情人河合千代子之间的情况，要揭发他的私情，希望他考虑一下是否同意与德国结盟。没想到山本毫不惧怕，嘲笑道："难道你们不拉屎放屁吗？假如你们之间有人不拉屎放屁，也从未和女人有过云雨之情的话，我倒要见识见识，听听他的高论。"他坚定地站在反对立场，不管用什么威胁他，他都不肯向右翼势力低头。

由于米内和山本的反对，几方面没有达成最后的意见。1939年8月8日，五相会议研讨对策。陆相板垣征四郎极力主张尽早缔结三国军事同盟。财政大臣石渡庄太郎提出质问，如果一定签订三国同盟条约的话，那么一旦日、德、意三国同英美法苏发生了战争，80%战争将在海上展开，海军将成为这次战争的主要力量。因此，必须尊重海军的意见。海军大臣米内光政断言道，如果日本对英、法、美、苏作战的话，毫无胜算可言。日本海军从创建起从未把英、美作为假想的敌人，如果日本海军去对付德、意海军的话，那倒是没问题。

1939年8月21日，米内和坂垣在星冈茶馆会晤，继续讨论与德意结盟问题。米内还是坚持反对观点，认为将条约内容限制在以苏联为敌对国这个范围内还可以，如果坚持要以英美为敌对国的话，宁可辞去现职也要反对。会谈持续了5个小时，争论仍无结果。

傍晚，传来了德国与苏联签订《苏德互不侵犯条约》的消息。这一爆炸性的新闻，使日本政府陷入了一片混乱之中。山本认为，此条约的签订，不仅是德国国民，日本陆军也同样会感到意外和惊慌。日本陆军被其一直所崇拜和依靠的法西斯德国出卖了，前期一直酝酿的为牵制苏联与德国结盟的计划破产了。山本客观地认为，从原则上讲，上当受骗，没什么了不起。吃一堑，长一智，走正道才是道义外交。但日本陆军却认为，因为海军方面的顾虑使得日本迟迟未下定与德国结盟的决心，从而才使德国转而与苏联合作，从此世界形势会发生意想不到的变化。山本认为陆军此言是荒谬无耻的。

8月25日，平沼内阁召集了最后一次五相会议，决定停止三国同盟条约的交涉。8月29日，平沼骐一郎提出辞职。在其辞职时，曾直言不讳地对内务大臣承认，海军对形势的分析和一直所坚持的观点是正确的，可惜为时已晚。

山本在广田、林铣、近卫、平沼4任内阁期间，连续3年在海军省担任海军次官。平沼内阁下台时，有人劝山本接替米内的海军大臣之职，山本则还想担任海军次官之职。但是，米内反对山本继续留在海军省。因为他认为，在目前形势下，只有让山本离开海军省，才能防止主战派对他的暗杀，才能保全他的性命。在这种情形下，山本接任了海军联合舰队司令长官的职务。

/ 出任联合舰队司令 /

联合舰队司令长官的职位，是日本海军军官们终身追求的最高荣誉。1939年8月30日，山本升任了联合舰队总司令兼第1舰队长官，达到了他一生中职位的最高点。也许是上天冥冥注定的安排，他就任联合舰队司令长官的这一年，年龄正好是56岁，也是山本诞生时候父亲的年龄，算是一种巧合吧。

山本在皇宫参加了天皇亲自授予他的特任仪式。他身穿白色军服，精神矍铄，在众人仰慕的目光下，接受了天皇赐予的崇高荣誉，可谓风光无限。对天皇给予的信任，他充满了感激之情。在那天，从不饮酒的他破例喝了一杯，郑重地许下了诺言：

山本五十六

这次身负如此重任，实感惶恐，愿尽我微薄之力为国效劳。受命任联合舰队司令长官，此乃一军人之最高荣誉。我已下定决心，誓死尽职。

在山本就职联合舰队司令长官时，由于阴差阳错，错过了和日本陆军中将石原莞尔的一次“反战会晤”。

1940 年 8 月 30 日，石原莞尔被任命为日本第 16 师团师团长，在赴东京拜见天皇的途中，与长冈人反町荣一邂逅。这个九一八事变的策划者，在华北事变后却为日本的前途担忧了。他根据国内外形势的发展，提出了“不扩大主义”的策略思想。他反对扩大战争，主张日本全力建设伪“满洲国”，积蓄国力，暂缓侵华。在日本全面侵华之时他主张尽早结束中日战争，认为战争再打下去，日本必将陷入战争的泥潭不能自拔，日本必将亡国。他的思想同陆军主战派东条英机等人发生了尖锐的冲突与矛盾，在陆军被看成是异己，为此，他受到排挤，还处于日本便衣宪兵和特务监视中。他知道反町荣一与山本五十六关系密切，就拜托反町，希望9月3日与山本见面，认为海军中能制止这场战争的只有山本五十六了。但是，这个时候正是山本被任命为联合舰队司令长官的时候，山本马上去联合舰队任职，没有时间与石原会晤了。如果他们进行了这次“反战会晤”的话，也许中日战争的前途和日本后来的命运会发生某些改变吧。

9月1日，山本赴联合舰队任职。但那一天，却听到了德国进攻波兰的消息。9月3日，英、法对德宣战，欧洲燃起了熊熊烈烈的战火。这种复杂的国际形势，让山本顿时警觉起来，更深感责任的重大。正如他对官兵讲话所言：

“不言而喻，今天欧洲的形势，乃世界再度出现大动乱之先兆也。值此风云突变之时，吾深感帝国海军任重道远。望全体官兵更加同心协力，自重自爱，不辞辛劳，昼夜兼练，以保持联合舰队之最高威力，担负起保卫国防之重任，不负于天皇陛下之所望。”

1939年9月1日，报纸海报宣布德国入侵波兰

为培养一支更为强大的海军力量，山本用自己独特的方式，加紧对联合舰队的训练，以便在未来战争中居于优势地位。为了适应实战的要求，他改变了原来的训练方式，要求舰队夜间出港必须禁止使用信号识别和无线电通信联络。这是一个大胆的尝试，因为夜间出入港口，吨位数很高的军舰启动后的惯性较大，黑暗中前行既要保持一定的距离，还要掌握好方向是不容易的，稍有失误就会发生碰撞。如果损伤船舰还会受到一定的惩罚，甚至损伤程度大的还要剖腹自杀。山本认为这是一种特殊的训练，要求军舰在夜间出行，没有信号灯和无线电联络，一切都靠着精湛的航海技术，舰与舰之间还需要保持一定的距离，依次跟随。这个挑战对于有航海

经验的专家来说也有一定的难度，必须克服军舰巨大的惯性，难免让人精神紧张。但是，山本坚持这种训练方式，并严格地进行训练。在高强度的训练下，海军官兵们克服了种种困难，逐渐适应了这种夜间的航行方式。以后偷袭珍珠港，就是靠着这种特殊的训练技巧，才成功地躲过了美方的侦察。

山本是“航空制胜论”的坚定倡导者，当然特别重视对航空母舰的训练。山本首先加强了飞机在甲板上的紧急降落训练和夜间起降训练，经过频繁的训练和演习，降低了风险指数，起降训练准确度提高了。另外，为了提高夜间飞行轰炸的命中精度，山本等人对此费尽心思。由于当时没有雷达和导弹，对跟踪前来实施轰炸的飞机，防空部队只能用探照灯进行捕捉，然后用高射炮射击。在这种探照灯的强烈照射下，飞行员极其容易发生目眩，进而导致发生飞机坠毁。正在山本司令、“赤城”号舰长草鹿龙之介等人为此愁眉不展时，“赤城”号航空母舰第 1 航空战队的渊田美津雄少佐主动请缨了。

渊田美津雄是江田岛海军兵学校的第 52 期学员，与山本的参谋源田实为同期好友。毕业后一直服役于海军航空兵，技术娴熟，有胆有谋。当时他在“赤城”号航空母舰第 1 航空战队任飞行员，对于夜间轰炸的训练，他不怕危险，戴上太阳镜，坚持在强光下进行飞行训练。在其影响下，第 1 航空战队的飞行队员们也都适应了这个特殊的训练环境，从而提高了战斗力。在 1940 年 10 月的“123 号作业”演习中，渊田美津雄率领的 27 架鱼雷轰炸机在探照灯的照射下，巧妙地避开了高射炮的反击，用鱼雷炸弹进行轰炸。他颗颗命中的出色成绩引起了山本的注意，从而对其格外赏识和赞许。不久，山本对其提拔重用，让其担任偷击珍珠港海战的攻击队长。

渊田本是海军中的狂热分子，他崇拜希特勒式的勇敢，鄙视山本的怯懦。他曾在公开场合攻击山本是亲英美派的代表，缺少日本人的骨气，是个地道的胆小鬼，对山本就任联合舰队司令长官持怀疑态度。这次演习后，因山本对他的赏识与器重，性格粗鲁的渊田逐渐改变了对山本的看法，全身心地投入到空袭训练中。

山本对联合舰队实施严格的训练，经常进行实战演习。只要号令一下，舰上各系统都要做好准备，灯光管制系统也要按照实战的要求，迅速进入战斗状态，全体舰员必须在规定时间内迅速各就各位，做好一切准备。山本统筹全局，恐有疏漏，此时更为紧张。据“长门”号高射炮分队的一等兵浅沼信一郎回忆，在一次紧急行动中，他与一个两手插在裤兜走过来的矮个子撞上了。他大骂其不长眼，抬头一看，不禁倒吸了一口凉气，原来此人不是普通的士兵，而是最高长官山本五十六。他简直不敢相信自己的眼睛，司令官怎么能突然出现在这里呢？他自认倒霉，等待山本处置他。谁知山本根本没有理会他，头紧缩在外套领子里，像是聚精会神地想着什么问题，径直朝前方走去。后来才知道，山本司令不愿意使用“长门”号舰桥上专门供长官乘用的升降机，认为如果使用，那么其余的人员要以比升降机还快的速度爬上舰桥是有难度的，于是才出现了刚才的那一幕。浅沼信一郎对山本顿时肃然起敬。

经过山本对联合舰队一年多的严格训练，该舰队战斗力有了很大提高。1940 年 10 月 11 日，日本海军在横滨港举行了“特别阅舰仪式”。山本被任命为“纪念 2600 年特别阅舰仪式总指挥官”。山本陪同天皇检阅了“长门”号为首的 5 艘巨舰。巡洋舰“高雄”号为先导，“加贺”号和“古鹰”号担任护航。日本皇太子和亲王也参加了这一盛况空前的阅舰仪式。参加阅舰的海军舰只总吨位达到596060吨，飞机为527架。当“比睿”号行驶在受阅舰队之间时，海军航空队的攻击机、轰炸机、战斗机、水上侦察机以及水上飞机的各编队相继出现在受阅舰队的上空。它们摆出阵列，飞行有序，宛如雄鹰展翅般壮美。为了表示对天皇的敬意，每一架飞机相继在天皇座舰的左舷上方减速俯首，然后向东京上方飞去，展示了居于世界第三位的日本联合舰队的强大阵容。参加阅舰仪式的人无不惊叹。

1940年12月15日，山本被晋升为海军大将。

1940年，天皇任命米内光政出面组阁。山本希望米内出任军令部总长，但最后他担任了总理大臣，退出了现役。山本知道，米内退役对海军来说，是一个极大的损失，令人惋惜。但同时他心里清楚，只有米内就任总理大臣，才会给日本带来光明。在米内内阁任期内，他全力支持米内，反对三国结盟，同时全力发展海军，为建设一支世界强大的海军而努力。

米内做了总理大臣后，与他做海军大臣时的观点一致，仍坚持强硬立场反对与德意结盟。陆军对此不满意，认为他是“最不受欢迎的人”，陆军中的少数右翼分子，把米内内阁的出现说成是“天皇身边佞臣阴谋的产物”。其实在他组阁之初，陆军及一些右翼分子就对他怀有不满情绪。内阁参议末次信正、松井石根和松冈洋右3个人同时提出辞职，反对他组阁。可以说，倒阁运动从米内一组阁就开始了。米内内阁真是举步维艰。

面对米内内阁的窘境，记者松本赞吉认为，如果山本投身政界，形势会比目前好得多。他给山本写了封长信，介绍了米内组阁的艰辛和面临的困难，前途是暗淡的。他诚恳地希望山本投身政界。这时，也有人建议山本出面组阁。但山本已经在联合舰队任职半年，正在施展自己的远大抱负，有步骤地进行军事训练和技术改进。对于投身政界，他根本没有兴趣，认为海上更适合自己，于是写信回绝了松本：

尊函收悉，不胜感激。转眼已来到海上半年有余。作为海军军人的我，自应着眼于海上，即所谓的“海上第一”。这里要做的事情很多，许多问题亟待解决。总之，我应致力于海军的建设，提高海军的素质，诸如军事技术和舰队管理等，不宜干预政务。

后来有人说，如果山本这个时期回到海军省任职或者出面组阁，会阻止日本盲目扩大战争，反对对美交战，也许日本的命运也会为之改变。

在陆军的强烈反对下，1940 年 7 月，组阁仅仅半年的米内内阁，不得不宣布辞职。近卫文麿开始了第二次组阁。这个内阁刚成立，就迫不及待地提出了三国同盟问题。

米内内阁时的海军大臣吉田吾善仍在近卫内阁留任。对于三国同盟问题，他受到了陆军和海军革新派两方面的压力，处境异常艰难。陆军方面强烈要求日本与德国尽快结盟。他们对仅用 3 个半小时就占领丹麦的德国敬佩得五体投地，认为德国就是强大和胜利的代名词，与这样的强国结盟会使日本进入一个全新的发展空间。但山本等人表示了相反的意见。山本直言上书，向吉田提出明确而中肯的要求，并且上呈《建议书》，全面阐释反对的观点：

日美间发生战争，将给人类带来巨大的灾难，是整个世界的不幸。对我日本帝国而言，则意味着为自己树立战后的新的更强大的敌人，使帝国陷入新的危机。战争会使日美双方两败俱伤。到那时，如果苏俄或德国乘机扩展势力，企图称霸世界的话，又有哪个国家能有足够的力量去阻止他们的扩展行动呢？德英交战中，即使德国获胜，把我国视为亲善友邦，对我国来说，又有什么真正的意义呢？因为由于同美争战，我国必然大伤元气，难道务虚名而丧其实就是我们所追求的目标吗？再则，作为国与国之间的亲善友谊，也只能建立在自己拥有实力的基础之上，否则，就得不到对方的应有尊重，只能仰人鼻息。非常明显，我国所以备受尊重，诸国渴望同我们结盟，不正是因为我国拥有强大的海军实力吗？所以，设法回避同美国交战，才是良韬妙策。帝国万不可同德结盟。

但山本的中肯建议在吉田看来却是一种无形的压力，同时陆军也对他步步紧逼，他最终因为精神压力过大生病入院，不得不辞去了海军大臣职务。松冈洋右和东条英机两个主战派乘机入阁，分别任外务大臣和陆军大臣。9月5日，及川古治郎接替了吉田的职务就任了海军大臣。9月6日，丰田真次郎任海军省次官。

由及川、丰田主持的海军省彻底改变了米内—山本体制时代的风格。及川为人温厚诚恳，有学者的修养，信奉“和为贵，忍为高”的处事原则，不愿意与人争斗。“反战三战车”之一的井上成美认为，这极不负责任的人事安排是陆军故意所为。因为陆军把自己置于国家之上，声称“陆军第一，国家第二”，他们明明知道及川既无主见也无能力，但为了实现他们的意志，将其推荐给近卫。及川同米内、山本相比，其能力有天壤之别，在内阁中没起什么作用。海军次官丰田真次郎性格随和。在山本看来，他是一个眼光短浅、心胸狭窄之辈。由及川和丰田主持的海军省如何能应付陆军的压力便可想而知了。及川就任后不久，海军省便赞成了一直悬而未决的三国同盟条约。

令山本气愤的是，及川在东京召开海军首脑会议征求缔结三国条约的意见，但实际上却强行通过。在会议上，及川指出，如果海军继续反对三国同盟条约的签订，势必导致第二次近卫内阁的总辞职。作为海军来说，是负不起这样重大的责任的。因此希望诸位最好赞成。在众大臣面面相觑之时，山本首先发言，对及川所言提出了质疑：

作为我来说，当然是要绝对服从大臣的，对于刚才大臣所言，我没有任何异议。只是有一点，不能不使我深为担心。那就是，据我所知，直到去年8月，也就是我任次官时，从计划院的物资供应计划来看，有百分之八十都来源于英美的势力范围。如果日德意缔结了同盟条约，势必要失去这一来源。那么，我们用什么方法来弥补这一损失呢？关于军用物资的来源和供应问题，有什么新的打算吗？对于这一点，我希望能得到明确的答复。这一问题有了安排和着落，我作为联合舰队司令长官，才能无后顾之忧地尽我之职，实现大臣之意图，完成大臣赋予的军事任务。

山本语气虽然婉转，但表明了他的反对立场。及川见状，恳求大家能同意。与会者相继表示了赞成。山本抑制不住内心的愤懑，直言不讳地叱责了他的上级及川，及川希望他能多原谅。山本最后激动地高声厉喝道："原谅就算了事了吗?"会议在这种紧张的气氛下草草结束了。

陆军要求的缔结三国同盟条约之问题，海军省经过了近2年的讨论，终于屈从于陆军的要求，表示同意了。1940年9月，德日在东京举行谈判，意大利随后也加入谈判。9 月 27 日，三国在柏林签订《德意日三国同盟条约》。1941 年 12 月 11 日，三国又签署了《德意日联合作战协定》。它标志着德、意、日法西斯军事同盟正式形成。

山本对此感到非常痛苦。他和米内、井上一直反对三国结盟，最终还是失败了。假定他是海军大臣或次官，他可以以此身份强烈地表示反对，即使以身殉职也在所不惜。在海军传统中，只有海军大臣一个人可以干预政治。他现在是联合舰队的司令，无权干预政治，如果辞职或者以身殉职会不会起作用呢？

山本想到了他辞去联合舰队司令长官职务会引发的两种后果。第一种后果，他如果誓死反对三国结盟，其结果说不定会引起比“二二六”事件更大的国内动乱。然而，如果他真的这样做的话，或许早就被暗杀了。第二种后果，如果他辞职，那些主战的实权派会欣然接受。那样的话，他所持的反对意见会被当局者束之高阁，不会予以考虑的。他自己会编入预备役，灾祸会接连发生在他身上。所以，不管哪种结果，都丝毫达不到挽救国家的目的，是于事无补的下策。

所以，思来想去，山本还是没有通过辞职或以身殉职来反对三国结盟的勇气，只能勉强地接受现实了。但他回到舰队还是备感不安，致信给及川，告诫他，“倘条约签订，我日本将有不得不冒为德国去火中取栗的危险”，认为美国必然会介入这场战争的，希望他能对今后的形势有所预料。

米内听到三国同盟条约签订的消息，气愤地指出，“日本的政治，正是在陆海军的观点逐渐趋向一致的过程中堕落下去。这是千古憾事。”同时感慨道：“现在看来，我们当初的极力反对，恰是在尼加拉大瀑布下一二百米处逆水划船一样，完全是徒劳的。”当时有人问他，如果你和山本继续主持海军工作的话，是否能够坚持反对到底呢？米内毫不犹豫地说，“当然是反对了。”接着心情沉重地预测，“不过，那样的话，我们早都被杀害了。”

近卫文麿特意撰写了《失去的政治》，文中这样评价道：

我本以为海军是不会轻易同意缔结三国同盟条约的……然而，及川大将就任海军大臣以后，在会上，竟毫不犹豫地表示了赞成意见。我感到非常意外，不能不让我产生疑念。于是，我特意把海军次官丰田召来，询问此事。他说，海军的本意是反对缔结三国同盟条约的。然而，国内的政治形势不允许海军再继续坚持反对意见，迟早也得表示同意。就这样，无奈，表示了赞成意见。海军的赞成，完全出自于政治上的原因。如果单从军事上考虑的话，海军不愿意同美交战，也没有这方面的信心和准备。

会议之后，近卫几次托人要会见山本。山本无奈，在近卫的私邸两人会晤。近卫对山本说，因为海军毫不犹豫地表示了赞成意见，他表示很失望。次官丰田解释说，是因为军用物资供应问题并无着落，困难重重，海军在作战准备上也存在着许多问题，所以海军的赞成只是出于政治上的考虑，在国防上并无充分的准备和保证。近卫埋怨说，作为海军，就应该站在海军的角度阐释自己的观点。关于国内政治的事，是首相的事情，海军不必担忧。山本本来对近卫就没有好感，听他这一番推诿的言论更觉得气愤，认为事后发牢骚、推卸责任是他一贯的做法，他对近卫并不信任。

但是，山本一直对日本与德意结盟忧心忡忡。1943 年，当日本深陷战争泥潭不能自拔时，山本不断地进行着反思。1 月 6 日他给横须贺镇守司令长官古贺峰一的信中认为，之所以日本处境艰难，追究其深刻的原因，概出于当初“选择盟友失慎”。反对与德意结盟的山本，直到战死前，一直对此事耿耿于怀。

/ 避免与美交战 /

中日战争爆发后，尤其到 1939 年后，日美开战已经在所难免。其实，日本海军省主观上并不愿意同美交战。米内早就明确指出，日本海军并非以美国为假想敌而建设起来的，同美国交战，是很难取胜的。海军大臣及川和次官丰田，他们虽然对缔结三国同盟条约表示赞成，但是他们也不希望日本同美国交战。山本五十六也是如此，他从日本国情出发，认为不到万不得已，应避免与美国作战。

近卫第二次组阁时，近卫曾问山本，“如果日美间开战，海军应该做如何打算？有多大胜算？”山本这样回答说：

“如果非打不可的话，在开始的半年或 1 年中，可以奋战一番，并有信心争取打胜。战争如果持续下去，以致拖到 2 年或 3 年，那我就毫无把握了。三国同盟条约已经缔结，只有破釜沉舟背水一战了。尽管如此，我还是恳切希望政府能设法回避同美交战。

他注意研究美国国情，在开战前一直订阅英文版的《生活》杂志，每发现新的内容、遇到新的问题就画上红线，并让人送到参谋室，作为制定政策的一个参考。他回答近卫的问题，与他一直研读这类杂志不无关系。

山本在多年来对美日两国国情了解的基础上，意识到日本与美国交战的前途问题。那就是，日本没有长时期与美作战的实力，最好的解决办法就是避免战争的发生。海军省军需局局长武井大助，在1939年前后读到了一本英文版的书《当日本走向战争的时候》，这是一个俄国血统的军事评论家在美国纽约出版的著作。书中分析结论说，如果日本与美国开战，就日本国内持续战争的能力而言，只能坚持1年半，而且在最后半年中，将出现同第一次世界大战末期的德国极为相似的局面。山本听过武井大助的介绍后，非常赞同。所以，山本更坚定地认为，日本持续作战能力有限，故不适宜与美国交战。

三国同盟条约签订的2周后，山本在一次同原田熊雄就餐时谈到日美交战的问题，他曾对日本的前景这样预测：

实际上，同德国签署同盟条约，是十分荒谬的。不管怎么样，从现在起，海军不得不做好一切作战准备。我认为，同美国交战，实际上，无异于站在了世界大多数国家的对立面上。即使同苏联签订互不侵犯条约，同样也是靠不住的。因为苏联并不可靠。在我们履行条约同美国作战的过程中，谁能保证得了苏联等国家不在背后插手呢？在这种情况下，我以为，只有在不利的前提下，力争比较好的结果了。因此，我不得不做好随时战死在“长门”舰上的思想准备。到那时，恐怕东京会遭到连续轰炸，把一个好端端的城市夷为平地，出现人间地狱的悲惨情景。到大势已去的时候，近卫等人会感到有负于国民，自己也深陷可怜的境遇。但终究还是避免不了国民的四分五裂。

事已至此，实为难办，也就只好这样了！

1941年初，山本出任联合舰队司令长官期满2年。按照惯例，这个职务2年会更换一次。至此，海军的人事将有一次大的变更。他希望以此为契机，组建一个上下齐心合力的领导体系，有效地克服各种困难，对目前不利的局势有所补救，尽量避免日美战争的爆发。

在非常时期，山本为避免战争，开始对海军的人事安排加以考虑，提出了三个方案。

第一个方案，他推荐米内任军令部部长，由吉田或古贺充任次长，福留繁担任副职，由井上出任海军省次官。山本对海军大臣及川进言，如今的形势已经大不同于三国同盟条约缔结以前。欲避免日本卷入战争的危险，仅仅更换次官和军令部部长是不彻底的，也无济于事。必须大刀阔斧，重新物色海军部内阁要职人选，舍此别无其他选择。他推荐的米内、吉田、古贺敢于直言相谏，在逆境中能力挽狂澜，如果这个新的领导体系组建成的话，是日本海军最强有力的组合。山本一直认为米内是能挽救日本海军、避免日本卷入对美战争的核心人物。他知道军令部总长伏见宫亲王已经连续9年任职，到1941年或1942年，必然会有辞职的想法，那时能接替这个职务的最好人选就是米内。所以极力推荐米内担任军令部部长。

他还提出第二个方案，如果米内没有被启用，军令部部长或联合舰队司令长官希望在岛田、古贺中选择。

第三个方案，如果不进行人事变动的话，他希望由古贺出任军令部次长。

山本反复提到的古贺峰一是他的好友，是日本海军“条约派”的代表人物，反对与英美交战，在海军中有一定的威望。古贺是江田岛海军兵学校34

期学员，担任过“青叶”号巡洋舰舰长、“伊势”号战列舰舰长、第2舰队、横须贺镇守府的长官等，有一定的实战经验。而且他长期在海军省任职，做过军令部第3部部长、第2部部长、军令部次长等。山本认为古贺是接替他的最佳人选，故极力推荐他。

对于自己的职务，山本表示愿意听从安排，退役或继续服役都无怨言。如果古贺在舰上任职一年再来接任联合舰队司令长官之职务，他甘愿再任一年的联合舰队司令长官。如果日本基于形势所迫必须参战的话，他建议及川，千万不要同时更换第二舰队司令古贺峰一和联合舰队司令的参谋长福留繁。

但是，对于人事安排，海军大臣及川没有采纳山本的意见。他准备调走山本的参谋长福留，派人来征求山本的意见。山本写信给及川，这样表明了自己的观点：

日美间的关系，远比去年秋更加明朗。我已料到会演变到今天的程度。假如你调动人员的目的，是为了决心加强海军军备，保证有充足的军备物资的来源，为此而要调整和加强军令部领导阵容的话，那我责无旁贷，理应听命，尊重你关于人事安排的意见。

但是，假如你的认识已经为时太晚，日本只得背水一战的话。那么，作为联合舰队司令长官的我，不得不考虑如何巩固和加强舰队的战斗力的问题。为此，我衷心希望不要调用我属下的长官和参谋长。他们一直是我的左膀右臂。倘被调离，姑且不去考虑继任者的能力如何，仅对我的精神上的打击就足够大的了。同时，对舰队官兵的影响和震动也实在太大。所以，我希望能够维持现状，不予更换。

令山本感到遗憾的是，及川最后还是将联合舰队参谋长福留繁调走，升任为军令部第 1 部长。山本反复推荐的米内也没有被重新启用，而山本并不欣赏的永野修身却担任了军令部总长的重要职务。

其实，在这个时候，东京的上层中，以堀悌吉为中心的冈田启介、米内光政、山梨胜之进等有影响的人物开始私下活动，他们要把山本调回中央，任海军大臣或内阁大臣。但新上任的海军大臣岛田繁太郎怕山本威胁自己的地位，认为目前联合舰队司令长官除山本外无人能担任，拒绝山本调回中央。最后，山本还是屈从于无可摆脱的现实，继续留任联合舰队的司令长官。

近卫文麿第三次组阁时，山本希望通过与美国的谈判，达到避免交战的目的。他和近卫文麿达成了一致意见，山本陪同近卫，与美国总统罗斯福在檀香山举行会晤，希望能打破日美间的僵局，改善两国之间的关系。但这一谈判目的未能实现。近卫又向山本询问，如果谈判不能达到目的，海军做如何打算的问题。山本这一次的回答与上一次同出一辙："如果说非让我打不可的话，那我就尽力闯它一年到一年半看。但时间再长，我就毫无把握了。"但是，他还是再三恳请：要尽最大的努力，争取同美国谈判。即使谈判破裂，也不要搞僵，要留有缓和的余地，因为在外交的道路上是没有终点的。

1941 年 10 月 17 日，日本法西斯军人东条英机组阁。他号召国民"完成支那事变，确立'大东亚共荣圈'是帝国之国策，要在'皇威之下，举国一致，为完成圣业而迈进'"。他主张南进，并对英、美、荷等国开战。山本已经意识到战争迫在眉睫，但他还是希望尽量避免战争的爆发。他在给古贺峰一的信中这样写道，如果日本不得已参战的话，他们只能做好打仗的准备了。但是，还需要竭力避免这场战争的爆发或设法推延爆发的时间，哪怕一天也好，以使他们能做好充分的准备。山本也给东条内阁的海军大臣岛田繁太郎写了一封信，仍强调避免对美交战的观点，但语气有所缓和。他这样写道：

从大局来看，日美间的冲突如能避免，应尽力避免。值此关键时刻，尤应隐忍持重，怀卧薪尝胆之志。要做到这一点，同样需要勇气和力量。事到如今，已被逼得无路可走的日本，若能得到如前所述的转机（避免战争，持卧薪尝胆之志），那是再好不过的了。欲达此目的，只有诚惶诚恐地静待圣上的敕令了。

山本的好友堀悌吉，与山本的意见一直保持一致，他针对此曾发表过这样的言论：

如果我们审时度势，认真地分析一下形势的话，自然不会轻易做出同美国交战的结论。至于从“东亚的新秩序”“建立共荣圈”之类不着边际的主观意志出发，那就更是不应该的了。总之，拿国家的命运做赌注，这是令人不能容忍的。

……

同美国交战，并非小事，不是可以随便脱口而出的。有人竟毫不负责地说大话：“要以国家的命运为赌注”去进行同美国的这场战争。所谓国家的命运，是关系到民族兴衰存亡的大事，焉能以“赌”待之？难道国家的命运，民族的兴亡，也是可以轻易取舍的吗？

时任航空本部部长井上成美，也是海军中反对与美国交战的主要人物，20世纪30年代与米内、山本合称“反战三战车”。1941年初，他在听取军令部下一期军备计划的汇报后，非常反感，认为是用明治时期的旧思想制定昭和时期的新的军备计划。他亲自起草了长篇建议书，再次表明了反对同美国作战的观点。建议书这样写道：

如果与美英两国为敌，就我国国力来说，也是不允许的。仅以舰只的建造能力而论，我们远不及他们。倘与他们对抗到底，必将以我方失利而告终。这是不消细说便可明了的事实。

帝国同美国交战，当然不能不分析一下双方的基本形势和战争发展的各种可能性。首先，从军备情况来看，帝国战败美国的可能性是很小的，甚至可以说是没有。即使能够战胜美国，那么，使它屈服也是不可能的。理由非常简单……

另外，美日双方作战都存在着同样的困难——两国间相隔重洋，距离遥远，这是相同之点。但在其他方面，美国则大不同于日本，它可能有如下三种意图：

1.占领我全国。

2.只占领我首都——东京。

3.消灭我作战部队。

井上能在当时的历史条件下，明察秋毫，预测到可能发生的事情，并敢于谏诤，实属难得。但是，该建议书未被采纳，因为他的观点与军令部决策人物的用兵思想不一致。不仅如此，在同美国开战前4个月，他还被降职为第 4 舰队司令长官。

“反战三战车”的米内没有被启用，山本未调回，井上被降职，“反战三战车”不得重用。因为他们的反战立场，当局不管是决定开始对外侵略，还是缔结三国同盟条约，都尽量避开他们。

/ 策划偷袭珍珠港 /

三国同盟条约的签订，美国已经深感潜在的威胁，加上日本扩大中日战争，侵犯美国在华利益，接着又南进占领法属印度，更让美国无法容忍。1940年9月，美国宣布冻结日本在美国的资产，禁止向日本出售包括石油在内的各种物资，并实施美国石油输往日本需凭许可证的制度，限制对日本的进出口贸易。日美矛盾升级了，日美之间的战争一触即发。

山本意识到，日美之间的战争，用一般常规作战的手段是无法取胜的，只有采取特殊的作战手段，或者说，在战争之初，采取突然袭击的办法，才可以取得胜利。大概在1940年米内内阁之时，山本突袭珍珠港的念头就产生了。

山本并非是这个想法的始作俑者。1921年，一名伦敦美国电讯报的记者发表了《太平洋海上霸权》一书。4年后，这本书的内容被扩展为小说，重新易名为《伟大的太平洋战争》，才受到关注。作者设想了一支日本舰队偷袭了美国的珍珠港舰队、关岛和菲律宾群岛等情节。1925 年 9 月，《纽约时报》专门评价了这本书。时刻关注世界海军事业发展的山本，此时正在美国担任日本驻华盛顿的海军武官，必定是阅读过此书的。

1928 年前后，霞浦航空队教官兼海军大学教官的少佐草鹿龙之介曾用文字形式提出过用飞机攻击珍珠港的作战方案。当时，因永野修身等十几名海军要人到霞浦航空队听课，草鹿决定以飞机攻击珍珠港为题，讲授航空作战方面的有关内容，并写成了正式讲稿。讲稿的思路是，日本利用飞机和南洋诸岛，把美国的太平洋舰队从西海岸的圣迭戈引诱到西太平洋来，与日本展开海战。如果它不到西太平洋来，就必须设法打击它的痛处，用飞机攻击美国的重要海军基地夏威夷群岛。这篇讲稿颇有新意，海军省共印刷了 30 份，下发到海军的各部门。山本看过这份讲稿后，对此留下了深刻的印象。

山本担任联合舰队司令长官以后，意识到日美之间必然会发生战争，那么日本如何应对是一直困惑他的问题。也许是受草鹿的启发，山本脑海中形成了突袭珍珠港的念头。他认定如果日本海军远涉重洋去攻击美国在太平洋的海军基地珍珠港的话，这种突袭的方式会取得意想不到的成功。1940 年的“123 作业”军事演习中飞机的强大威力让山本这个想法更加坚定了。在演习中，日本引以为豪的巨大的战舰，在飞机的追踪和轰炸中根本无法抵御，攻击机对其施放鱼雷，投放角度和距离适当，颗颗击中战舰的龙骨。山本非常兴奋，对联合舰队参谋长福留繁说：“照这个水平，难道还不能攻击珍珠港吗?”

当山本在联合舰队中提出这一方案时，却遭到了海军要员们的反对，认为这是不符合海军历来对美的正统作战思想的。

海军的军令部和陆军的参谋本部每年都会制定年度作战计划，并上呈天皇批准下发给各部门。年度作战计划的假想敌有中国、苏联和美国。军令部认为，对日本海军来说，主要的作战对象是美国。因为中国的海军力量较弱，不堪一击。而与苏联开战的话，主要任务是由日本陆军承担，海军所担负的并不多。只有美国，才是日本海军主要对付的对象。他们对美国作战的“正统战略思想”的要点如下：

首先用海军的全部力量集中攻取菲律宾，美国海军便会离开本土长途跋涉，前来救援并发动反击。这时，以日本在南洋的属地——马绍尔群岛、马里亚纳群岛、卡罗林群岛和帕劳群岛等重要岛屿为基地，以潜艇和飞机逐渐削弱美国前来救援舰队的力量，待使之削弱到和日本舰队实力相匹敌或弱于日本舰队时，则寻机在日本近海与之决战，力求一举全歼美国太平洋舰队。

这个战略思想与日、俄对马海峡大决战时的作战思路是一致的，就是以逸待劳，击败来犯之敌。对马海峡大决战的辉煌战果让日本海军的这个战略思想变得根深蒂固了。其实这是一个脱离实际、纸上谈兵的计划而已，如果战争一旦爆发，不可能按照事先所规划的模式发展进行下去的。

对日本海军这种正统的战略思想，山本和好友堀悌吉等人坚决反对。他们把军令部提出的对美作战计划归纳为四个要点：第一，日本主动攻下菲律宾；第二，迫使或诱惑美国舰队前来救援；第三，在马里亚纳群岛一带逐步削弱敌舰队的力量；第四，进行舰队决战，一举全歼前来之敌。他们认为该计划的实质是“脱离实际的主观臆断，是主观主义的产物”“纯属用想当然代替现实的概念游戏，是把敌人的行动规范在自己想象之中的脱离实际的主观臆断，不过是一厢情愿而已”。山本对参谋长福留繁和第一航空战队司令官小泽治三郎少将这样讲：“你们不觉得军令部所主张的诱敌出击，一半依靠潜艇的力量同敌人打消耗战的作战思想是危险且靠不住的吗？我不相信这种作战方案会获得成功。”

曾采访“长门”舰的远山运平询问山本在日美战争中，日本会不会有日本海大海战那样的打法，山本回答是否定的。他这样调侃道，如果敌人肯出动全力向我大举进攻，那是求之不得的。我们同样有办法一举将其全歼。但是，我们的对手美国决不会这样干的。所以，也就无法与之决战……

堀悌吉在1956年左右，将好友山本和古贺峰一生前写给自己的书信、备忘录等整理成书，取名为《五峰录》，意为山本五十六和古贺峰一的合集。对山本反对日本海军战略思想的主张，他配有自己的一些说明文字。他这样写道：

这种主观主义蔓延全军，竟成了指导我军未来作战的正统的战略思想，并主张把所有军人的思想都规范到这一思想上来。倘有人偏离了这个思想或提出与此不同的意见或看法，则被视为异端。结果，使整个海军变成了一个独断专行的社会集团。

……

这种环境下所形成的所谓战略思想，势必带有某种政治色彩……

……

它使人们逐渐养成了一种人云亦云，动辄就在别人面前毫不负责任地说大话的习惯，而对问题却缺少进行科学冷静的分析。

山本因持有不同思想，在海军中被视为“异类”。当时也有人对日本攻击菲律宾提出质疑，希望当局从其他方面考虑新的方案。但军令部参谋对此进行反驳，认为进攻菲律宾岛，是海军与陆军共同拟定的作战方案，是毋庸置疑的，并强调全军要统一思想。山本对此深有感触地说道：“令人感到困惑的，不是敌人，而是我们自己。”关于山本提出的以南洋诸岛为战略基地来对付美国的想法，日本当局也曾考虑过其重要的战略价值，将其作为“不沉的航空母舰”“潜艇母舰”。但是，日本却未曾在南洋诸岛修建必要的军事设施，所以这个计划暂时不得实施。

但意志坚定、性格倔强的山本一旦认定的事情，就会义无反顾地坚持下去。他认为，现在能判明国际关系发展趋势者甚少，而且与英美一战在所难免，所以应该尽快确定备战、训练及作战计划等一应事宜，不能贻误战机。其实，他知道同美国交战本身无胜算可言，明知如此，还要硬打的话，那就只有在大战的一开始，就先发制人地摧毁对方的主力，打破敌我之间旗鼓相当的均衡局势，给敌人制造困难和障碍。山本建议与其冀望于先削弱再决战的防御性计划，倒不如主动进攻。对美作战，就必须袭击珍珠港，重创美军，否则，这场战争就无法进行。

山本从最初反对与美国作战，到现在极力主张进击珍珠港，这前后的思想在外人看来似乎是矛盾的。他在 1941 年 10 月 11 日给好友堀悌吉的信中写道：

我下了和我的意愿完全相反的决心，没别的选择，只得沿此道路走下去。有什么能比违背自己的意志而为之更难以忍受的呢？

可见，进击夏威夷的计划，是山本所谓的“大日本帝国”“为天皇而战”的思想在作祟，他认为违背了自己本来的意志，并在“痛苦”中所做出的决定。

但是，他一旦决定与美国作战，就下定了必死的决心。他对近卫文麿首相这样调侃道：“我决心同我的飞机和军舰生死共存亡，在太平洋上同美国决一死战。阁下做何打算？依我看，你也别想轻易地活下来，要有死的思想准备。”近卫听罢，一身冷汗。

1940 年 11 月下旬，联合舰队驻泊在横须贺港时，山本几度去海军省，并同海军大臣及川面谈过此事，他要求对美开展袭击战，目标为夏威夷的珍珠港。他陈述了自己的想法和主张，但没有列出具体规划。及川希望他能形成书面意见，详细方案提交后再加以探讨。

经过一个多月的考虑和设计，1941 年 1 月 7 日，他将久存于心的关于初战如何展开之意见形成了《关于战备的意见书》，上呈给海军大臣及川古治郎。这是山本第一次将袭击珍珠港的方案以文字形式提上日程。

该《意见书》共 9 页，涉及战备、训练、作战方针等方面。对于作战初期，山本设想了周密的作战方针和计划。他准备用第 1、第 2 航空战队的全部航空力量，乘月夜或黎明的光亮，向美国太平洋舰队发起突然袭击，力求全歼停泊在珍珠港内的美国舰队。他设计用鱼雷战队（驱逐舰部队）担负护卫前往作战的航空母舰和舰上飞机及飞行人员的任务，派潜艇部队潜伏在珍珠港出口地区水下，待轰炸开始后，击沉潜伏出港逃走的美国舰只造成港口堵塞，等等。

虽然期望着获得一场出其不意的胜利，但山本还能以客观冷静的态度，从实际出发来估计后果。他指出了对该战役的期望值不能过高，不太可能再次出现日本海那样绝对压倒并战胜敌人的震惊世界的决战。在整个战争期间，毕竟不可能有全舰队的依次开进、展开、实施炮战和鱼雷战以及全舰队攻击等那种极为壮观的场面。

山本将偷袭珍珠港的方案定为“Z”攻击计划。他对此次作战方案还是充满信心的，他这样写道：此战成功固然不易，但只要我军将士上下齐心合力，怀赤忱报国之心，战死疆场之志，并逢天助，不愁此愿不遂。

他希冀着打一场震撼山河的硬仗，认为胜负毕此一役。为此，他还恳请及川下令免去他的联合舰队总司令职务，而授命他为航空舰队司令，亲自率领航空舰队，进击夏威夷。

怎么才能成功奇袭珍珠港呢？山本知道这是一场极其危险的赌局，关系到日本海军的兴亡，关系到日本百年的国运，搞不好会全盘皆输，所以必须制定出更具体可行的作战方案来。在提出这份意见书的同时，山本曾用毛笔在3张公文纸上概要地写出了袭击珍珠港的计划，并转交给第11航空舰队参谋长大西泷治郎，要求其按照此计划秘密制定具体方案。但是实际上，大西始终认为突袭珍珠港是投机冒险的表现，稍有差池后果不堪设想。但山本的命令也不能违抗，于是他把任务交给了第1航空舰队参谋源田实中佐。

源田实是20世纪30年代日本海军中的铁杆的航空派。1924年，他毕业于江田岛海军兵学校第52期，1928年进入霞浦航空队，1930年6月被编入第1航空战队中“赤城”号航空母舰的航空分队。1938年11月底，他被任命为驻英大使馆候补武官，1940年10月初回国，晋升为海军中佐，担任海军第1航空队参谋。他性格激进，信奉航空制胜论和战舰无用论，有人称其为日本海军航空兵的旗帜和先锋。在得知巨型战列舰“大和”号的制造方案被批准后，源田实这样预料说：“中国的秦始皇修筑了万里长城，结果根本没能抵御外敌的入侵，反而成了千百年的笑柄。以后日本肯定会为造了‘大和’号这样的巨舰而后悔。”他曾亲自驾驶战斗机来证明他的“战列舰无用，飞机才是主要战斗力”的观点。为促使人民接受其航空制胜论，他在国民捐献飞机活动中令老百姓大开眼界，在全国各地进行飞机航行特技表演，并在天空中做着各种各样翻跟头的动作，被称为“源田马戏团”。

得知山本司令官准备突袭珍珠港的计划，源田非常兴奋。他认真分析敌情，查阅资料，研究海情、地形，计算兵力，策划出一套作战方案。他有 3 点主张：一是动用第 1、第 2 航空战队的主力——全部的航空母舰。二是必须采取反复轮番轰炸的方式，才能达到预期目的。三是把小笠原的父岛或北海道的厚岸作为舰队出发的集结地点。

4 月初，源田将自己的策划方案提交给了山本。但山本认为该方案还有待充实和完善，遂又将这个草案交给联合舰队的 4 个研究小组最后定型。其中，先任参谋黑岛龟人大佐是最潜心研究的一位。

黑岛龟人是联合舰队的先任参谋，堪称山本五十六的左右手，在当时的联合舰队中人称“仙人参谋”。他毕业于江田岛海军兵学校第 38 期，后入海军大学深造。他强调航空兵对未来海战的重要性，得到了山本五十六的极大欣赏，任命他为联合舰队的先任参谋，对其信任有加。

黑岛是一个性格怪僻、行为另类的怪人，勤务兵们都叫他“黑岛怪参谋”。他从不洗澡，不换军服，身上和舱房散发着一股臭味，舱房里堆满了书籍和纸片，还不准勤务兵整理他的舱房，点香用来熏屋内的气味，弄得房间烟雾缭绕。每遇到思考重大问题，他在舱房内从不开灯，把门窗紧闭，点上蜡烛，他认为在这种气氛中才能思考。因为天气闷热，他又紧闭舱门，所以经常看到他一丝不挂，赤条条地在舰上走来走去。他穿着满是污垢、令人作呕的睡衣，如果勤务员不给他换，他就一直穿着，毫无怨言。虽然与山本关系密切，但从未与他共同用餐。得到奇袭珍珠港的方案后，黑岛把自己关在舱房内几乎整整一个月。最后交给了山本五十六一份详细的作战方案。

可以说，袭击夏威夷的作战计划中凝聚了参谋原田和黑岛的心血和汗水，经过了联合舰队的几轮讨论，不断加以完善。

但是，该作战计划最初没有被认可。军令部第1部部长福留繁少将、第1课课长富冈定俊大佐和航空参谋三代辰吉中佐等人都强烈反对这个方案。为此，山本派黑岛去做军令部的工作，对他下了一个强硬命令，不管他们同意与否，都先帮联合舰队建一个供给专门研究珍珠港的军事实验室，提前军事演习的时间。

富冈认为，海军军令部的作战部肩负着若干重要使命，既要调解海军与陆军的关系，又要安排各部队的物资和武器的供应等，尤其当战争爆发后，还要通过占领爪哇等东南亚的产油地区以确保石油的来源。所以，军令部不可能如山本那样只考虑珍珠港一役就决定胜负的问题。他们之所以反对，认为该方案有两个靠不住的假设。一是奇袭时，如何能保证美国舰队正在珍珠港内呢？二是如何能保证日本的大型航空母舰舰队能安全地航行半个太平洋而不被美国人发现呢？他们认为不能寄希望于侥幸而冒此大险。

黑岛依据山本的思想，对富冈的观点进行了批驳。如果对美国作战，只有寄希望于先发制人，除此之外，别无他策。在双方都无法说服对方的情况下，黑岛请求富冈，把每年11月或12月的海军大学的图上演习，提前到9月，届时专题研究袭击珍珠港的作战方案，然而再做定夺。富冈勉强答应了。

不仅仅是军令部不同意山本的作战计划，联合舰队内部也是反对者居多。9月11日，海军大学组织10天的图上演习，设立了专供分析、研究袭击珍珠港作战方案的专用室。为防止泄密，只有30名参与方案的人员才可进入这个专用室，其他人不得进入。他们还进行了夏威夷攻防作战的战斗演习，红色的美国海军和蓝色的日本海军以对垒形式，进行防空模拟作战。演习的结果是，日军击沉美国主力舰4艘，重创1艘，击沉航空母舰2艘、重创1艘，击毁敌机180架。此外，还击沉、重创敌巡洋舰6艘。日方损失也是极为惨重的，6艘航母中2艘被击沉，2艘受伤，360架作战飞机中被击落127架，这种演习中不明晰的战况，不足以说明日本能在进击夏威夷海战中取得绝对性优势。演习后，联合舰队内对袭击珍珠港反对者居多。第1航空舰队参谋长草鹿龙之介和第11航空舰队参谋长大西泷治郎明确表示了反对意见。

草鹿龙之介性格耿直，从不阿谀奉承。他尊重山本，但了解他酷爱赌博的性格，故对其这次冒险行动非常担心。他一针见血地指出，袭击珍珠港，这如同飞进敌人的心脏，风险很大，非同小可。这是关系到国家兴亡、民族命运之大战的第一仗，切不可抱侥幸投机心理，更不应该像对待赌博一样地对待。

在草鹿表明发对意见后，第11航空舰队参谋长大西泷治郎也观点鲜明地表示了自己的反对意见："在日美之间，想用武力迫使对方屈服是不可能的。即使不能迫使美国签订'城下之盟'，不能在哈德孙河上举行阅舰仪式，无奈只有开战的话，我们宁可做出某些必要的妥协和让步，也要设法尽早结束战争。我们去攻占菲律宾或其他什么地方都可以，就是不能去攻击夏威夷，而且应尽量避免给美国这一类刺激。"

大西泷治郎本是一个鲁莽之人，经常对下属大声呵斥，因此被称为"粗暴长"。这次却论据充分，思路清晰，他的发言引起许多与会者的共鸣，故反对者越来越多。黑岛和原田虽然力争，也无济于事。会议决定，第1、第11

两航空舰队司令长官联名上呈他们讨论的结果——建议撤销进击夏威夷的作战计划。

11 月 3 日，草鹿和大西两人拜见山本，将讨论的结果向山本做了汇报，陈述了他们反对的立场。大西泷治郎向山本五十六提出了收回原方案的建议。

山本听后，这样劝说他们："二位所言固然不无道理，但你们可曾想过？就在我们致力于南洋作战之时，如果美国从东面用它的舰队空袭我本土怎么办？我们只着眼于索取南洋地区的重要资源，难道就甘愿我们的东京、大阪变成一片焦土吗？只要我是联合舰队司令，我就不会放弃进击夏威夷的作战计划。尽管此计划尚有些勉强之处，就实施来说，还存在着许许多多的困难，但我还是希望你们多从积极方面考虑，坚定信心，加强训练和各方面的准备。我已经下定决心，希望你们给予理解，不要唱反调了，要为实现我的作战决心而多作贡献，为进击夏威夷尽心尽力，满足你们为天皇而战的心愿。"

见他们都在思索，山本又用诙谐的语气调侃，是不是因为自己喜欢玩牌，就把他说成什么抱侥幸心理，是投机行为。在他们不知如何作答时，山本又循循善诱，语气平和地表明自己的主张。在他的一番说服下，大西的思想有所动摇，还帮助山本劝说草鹿。最后，草鹿也被山本的诚恳所打动，接受了山本的主张，表示不再持反对意见，要一心为实现山本的意图而努力。山本能让下属心甘情愿地接受他的观点，服从他的意志，这可能就是他个人的魅力所在吧。

10 月 9 日，山本命令联合舰队又在旗舰"长门"号上进行了为期 5 天的图上演习。他将各舰队的指挥官聚集一起，进一步研究和完善进击夏威夷的计划，并希望通过他们动员下属增强执行这项特殊任务的勇气和信心。山本目光如炬，神情冷峻，“我的决心已定”对下属来说是无法抗拒的命令，只好遵从他的主张。许多人都是这一次才知道要袭击夏威夷的行动的。

在山本的努力下，联合舰队内部的思想基本上得到了统一。但是，军令部还是磐石一块，为实施这个行动，山本必须给军令部施加压力。图上演习刚结束，黑岛就奉山本之命前往军令部汇报演习情况，请求上级批准。他转达了山本的最后决心是：“我毅然坚持原来的意见，进击夏威夷要出动全部的航空母舰，否则，我宁愿辞职。”

山本之所以要选择这种作战方案，他在 10 月 24 日给岛田繁太郎信中这样写道：

当众议压来，我不得不应付时，身为联合舰队指挥官的我，难就难在无论如何也不能像通常那样去作战，其结果只能是深陷窘境，进退维谷啊！……似乎竟有人为我的脾气和能力而感到不安（而不是作战方案本身）。卑职深知，值此关系到民族兴亡之非常时期，不允许也不能去为我个人而申辩。恕我直言，我从来也未曾以我身为大舰队司令而自居……

总之，卑职之所以选择这种非明攻正取的作战方案，实出于卑职的势浅力薄。此乃穷极之策也。倘有上我者，卑职毫不踌躇，欣然辞去我本不胜任之职。

山本以辞职相威胁，向军令部下了最后通牒。这让军令部部长永野修身无法应对了。山本在海军中的地位是获得公认的，如果要对美国作战的话，山本起到决定性作用是毋庸置疑的。当时海军中大多数人认为，除山本大将外，别无其他军官有足够的能力将联合舰队引向胜利。所以，永野修身无可奈何地表示说，既然山本如此执拗地坚持他原来的意见，就让他试试吧。

10 月 19 日，军令部批准了山本的“夏威夷作战计划”。山本下一步的计划，就是如何开展实战训练、进行开战前的各项准备工作了。

／ 磨刀霍霍 ／

山本上书请求对美开战时，就已经认真布置突袭珍珠港的准备工作了。为此，他注重飞行教官的选择，对飞行技术、鱼雷技术进行改进，并有针对性地开展各种实战训练。

进击珍珠港需要包括高空轰炸机、鱼雷轰炸机、俯冲轰炸机、战斗机在内的数百架飞机结成一个相互配合的整体力量。先是超低空的鱼雷机，然后趁鱼雷轰炸机黑烟尚未升起时，高空轰炸机开展分批的轰炸，最后是俯冲轰炸机的轰炸扫射。这种复杂的、高难度的轰炸任务，不仅需要飞行员有极高的飞行技能和训练，而且还需要飞行指挥官有运筹帷幄的能力和指挥才能。故在挑选攻击队队长时，山本特别慎重。

当山本询问攻击队队长的最佳人选时，第 1 航空舰队参谋源田实中佐向他推荐了他的海军兵学校同学渊田美津雄。他这样介绍渊田说，他是一名能够理解任何特定情况并迅速做出反应的天才的指挥官，不仅是最好的飞行指挥员，还是一名善于随机应变的优秀参谋。他认为攻击珍珠港的成功，取决于担任这次攻击任务的飞行指挥官的能力，而渊田是绝对能够胜任的。

渊田在联合舰队担任飞行员时，因其极强的战斗精神和高超的飞行技术早就引起了山本的注意。不久，将其提拔为第3航空队参谋。源田实推荐渊田担任攻击队队长正合山本之意，于是，又将其调回航空母舰“赤城”号，第二次担任飞行队长。这次人事调动，对渊田来说是降职，是海军人事安排中极少出现的情况。当渊田得知是山本司令的亲自安排，是对自己的高度信任时，渊田决心要努力训练航空兵，保证完成这次任务。

鹿儿岛海湾的地形、水势和珍珠港极为相似，于是，联合舰队将其作为训练的地点。渊田在此开展了模拟训练。

为有效地攻击美军的战舰，联合舰队把鹿儿岛附近的明湾布志海岸当作海军轰炸靶场。他们做了许多与美国战舰尺寸相同的模型，日本的水平高空轰炸机则每天对模型进行投弹训练。他们还不惜重金，从德国布罗姆、福斯船厂购买了美国军舰所用的钢板，增强了这种航空攻击演习的真实度。经过训练，日本航空兵们在3000米高度的投弹误差不超过30米，有80%的命中率。

美国的主力舰都是重盔铁甲，投放一般炸弹不可能将其摧毁，所以务必要使用鱼雷。渊田率领队员们进行着一种近乎严酷的、自杀式的投掷鱼雷的训练。鱼雷轰炸机从鸭池基地起飞后，在鹿儿岛市北方2000米的高空集结，然后，单机南向以距地面40米的高度飞向鹿儿岛。越过海岸线后，再将飞行高度降至20米，做发射鱼雷动作。而后，向右急转迅速升高。包括急转弯和翻筋斗在内的各种飞行动作经过反复训练，技术都得到了提高。

但是在鱼雷的使用上，又遇到一个难题。日本当时使用的是“九四式”鱼雷，每颗重量有1吨以上，发射的鱼雷对水深要求很严格。在50米高空发射，鱼雷入水后，至少也要下沉100米。但珍珠港附近水深只有13米，飞机在这样浅水水域投放鱼雷，鱼雷势必因钻入港底深处而影响作战效果。所以，山本和渊田等人意识到，必须要使用浅水鱼雷发射法，才能达到袭击珍珠港的预期目的。

所谓浅水发射鱼雷，就是鱼雷轰炸机将飞行高度降至距水面5米处进行发射。“九七式”舰艇鱼雷的轰炸机上装有的精密高度仪最小的刻度是10米，如果以低于10米的高度飞行，只能凭借飞行员的驾驶技术进行调整，这是对飞行员航行技术的一种检验。除了飞行技术之外，还需要研制一种适合珍珠港水域的浅水鱼雷。

航空本部鱼雷专家爱甲文雄中佐一直致力于研制浅水鱼雷。1941年1月，他接受了军令部的任务，为攻击珍珠港提高浅水鱼雷的命中率。他和海军飞机制造厂工作的同届同学片冈政市，尝试在鱼雷尾部增加一个横向自转旋翼，向鱼鳍一样。鱼雷投入水中时，旋翼水平展开，不会扎入水底很深。而且这种浅水的鱼雷，与使用氧气推进剂的“九四式”鱼雷不同。它内装204公斤炸药，速度为42节，被称为“九一式”鱼雷的2号改进型。这种鱼雷在投掷时，要求尽量缩短发射距离，飞行员要有丰富的驾驶经验，如果距离目标过近，则有可能直接把鱼雷发射到靶舰的甲板上。

这种浅水鱼雷在鹿儿岛的实验中获得了认可。飞行队长渊田得知鱼雷被改制后，非常配合地表示愿意进行实验。他挑选了上、中、下三个技术水平的飞行人员，让他们驾驶改装后的鱼雷轰炸机，依次向鹿儿岛港内预先竖好红旗标志的地点发射鱼雷，该水域水深20米。实验结果是，3架飞机共发射

3 枚鱼雷，有两枚入水后没超过 12 米的深度。另一枚钻入了海底，因为驾驶该飞机的飞行员是技术最差的那位。

渊田对演习的成绩很满意，他托航空参谋佐佐木询问山本对此是否满意。可反馈说，山本不甚满意，认为攻击时间间隔过长，应该设法缩短间隔时间。渊田听罢，特意跑到山本所在“长门”舰上，请求山本再给他们一次演习的机会，让 6 艘航空母舰全部出动，把佐伯湾作为假定的袭击目标，最后看攻击的效果。山本答应了他的要求。

11 月 4 日拂晓，渊田率领的水平轰炸机、俯冲轰炸机、鱼雷轰炸机和制空战斗机等 4 个机队组成的第一攻击波，展开了实战演习。他们从航空母舰上相继起飞，径直飞向佐伯湾，完成各自任务再返回航空母舰。演习持续 3 天，达到了预定的演习目的。渊田胸有成竹地询问山本，对演习的结果是否满意。山本这次露出了欣慰的笑容，认为基本符合要求，相信他们会完成攻击珍珠港的任务。

山本已经选定了攻击珍珠港的飞行队长渊田，又找到了攻击珍珠港的秘密武器——带鳍的浅水鱼雷，袭击珍珠港的实战训练正在进行中，下一步就是部署偷袭珍珠港的作战方针了。

11 月 5 日，还在山本督战渊田演习的时刻，他接到了军令部部长永野修身的“大海令第一号”。这是奉天皇之旨拟定的最高命令，决定 12 月上旬对美国、英国及荷兰开战，要求联合舰队司令长官应实施所需之作战准备。大本营海军部第一号指示较“大海令第一号”详细，命令山本采取各种措施，准备作战，具体内容为：

1.联合舰队司令官务必以 12 月上旬对美国、英国及荷兰开战为目标，及时指挥参战部队于战斗开始前进入待命地点。

2.联合舰队司令官务必高度警惕美、英、荷军队的突然袭击。

3.联合舰队司令官除可实施所需特殊侦察外，应秘密进行各项作战方面的准备。

4.联合舰队司令官务必派遣第 4 舰队按照其防御计划及时在南洋群岛方面布设水雷。

5.有关作战准则的作战方针和陆、海联合作战协定见另件。

6.联合舰队司令官务必与有关方面陆军指挥官一起制定海陆军联合作战协定。

7.作战开始时的根据地大致确定如下：

横须贺，第 4、第 5 及第 6 舰队；吴港，第 1、第 2 舰队，第 1 航空队及联合舰队直属部队；佐世堡，第 3 舰队、南遣舰队及第 11 航空舰队。

为执行该作战命令，山本立即拟定了一系列作战方针。首先制定了“联合舰队绝密一号作战命令”，紧急发送到各个部队中。11 月 7 日，山本又发布了联合舰队的第二号命令——“关于开展第一阶段的部署，预定 Y 日为 12 月 8 日”。山本等人认为，之所以定在 12 月 8 日，因为月令和星期日的关系。从半夜到日出前有月亮的农历 20 日左右的月夜是发动进攻的最适当时机。而且，偷袭夏威夷最有利的日子是星期日，这天是美国海军休息的日子，停泊在珍珠港的美军舰艇比较多。

11 月 10 日，山本又发布了联合舰队的第三号命令，除了最后确定日期外，还任命偷袭珍珠港的长官由南云忠一担任。

南云忠一中将

南云忠一是一个传统的海军军人，信奉大炮巨舰的传统思想，在鱼雷方面颇有研究，曾被喻为“鱼雷提督”。他曾担任过战列舰舰长、鱼雷战队司令官、第3舰队司令官，第1航空舰队司令官等职务。他反对山本袭击夏威夷的行动，认为过于冒险。但是山本偏偏选中他为攻击舰队的司令官，率领队伍赴太平洋作战。这个任务对于没有指挥过航空母舰作战经验的他来说，是十分艰巨的。他犹豫再三，最后还是服从了山本的命令，下达了对部队的作战命令：

攻击部队作战命令第一号

1.各舰应于11月20日以前完成作战准备。

2.全舰队集结单冠湾。

3.为保守作战计划机密，在离开本国港湾对部属宣布作战任务之前，务必严守机密。

4.攻击队任务分配（略）。

5.战舰巡航编组（略）。

6.严禁无线电通信。

为寻求陆军的支持，11月6日，山本携带联合舰队第一号作战令前往东京，在军令部同陆海军一起商讨，并在东京陆军大学签订了协同作战协定，双方达成了协同作战的一致意见。11月13日，山本回到“长门”号舰上，将各舰队的司令长官、参谋长和首席参谋等召集一起，发表了令人振奋的战前动员演说。他这样讲道：“养兵千日用兵一时，如今，到了我们海军效忠天皇、建功立业的时候了！我们一定要在这次战役中打出漂亮的一仗，树立我们大日本帝国海军的神威，让世界为之震惊！这次战役能否获胜，将决定我军今后一切战役的命运。现在，我命令攻击舰队的主力集结到千岛群岛内择捉岛的单冠湾之后，11月下旬从该湾起航，取北向航路往夏威夷进发！”

全场的军官都为之鼓舞，摩拳擦掌，准备在珍珠港海战中建立功勋。

此刻，虽然山本已经下达了作战命令，但是他心里始终还有顾虑。对美作战，面对的是强大的对手，他认为交战是不得已而为之。同陆军谈判那几日，当记者询问他对美作战的信心时，他这样说：“有信心归有信心，但切不可小看我们的对手啊！与其说有信心，莫如说出自于无奈。的确，从去年开始，我们在各方面都做了准备。但准备归准备，这只能是我们的一厢情愿，不能因有所准备而过于乐观。因为我们面前的对手是个强者，切不可掉以轻心，忘乎所以。”所以，山本即使到了下达命令的最后关头，还是将希望寄托于与美谈判的华盛顿会议上。如果华盛顿会议谈判成功的话，他就要求攻击舰队调头返航，不去进击夏威夷。

该想法遭到了攻击舰队长官南云忠一的反对。他认为已经出发的日本舰队返回，会影响士兵的士气。还有几名指挥官也附和说，返航就是把快要撒出去的尿憋回来。这让山本十分恼火。他严厉地批评他们说：“养兵千日为了什么呢？打仗本身并不是目的。即使接到返航的命令也不打算回来的指挥官，干脆现在就不要出去，即可辞职好了！”

山本很少这样发火，其威严的神情令反对者望而生畏。南云等人面面相觑，不敢再提反对意见了。

山本想到，偷袭珍珠港的一个关键因素在于“偷”，就是要做到绝对保密。这么浩大的舰队出发，想做到掩人耳目是极其困难的。在鹿儿岛附近每天穿梭飞行的大批飞机突然消失了，附近的居民、其他各国的情报人员都会有所察觉的。美国太平洋舰队的司令金梅尔将军也是一个有远见卓识的人，如果让美国方面事先侦知的话，可能会采取周密的警戒措施，加强防备，那么日本联合舰队此举可能会前功尽弃了。于是，山本特意设计了一些假象，如在第 1 航空舰队所属各飞行队撤出后，由九州方面的第 12 航空队属下的各教练部队进驻。这样在鹿儿岛等基地仍保持有大批的飞机不停地飞行。在通讯方面，驻扎在这里的教练机和主力部队之间接连不断地互发假情报，保持原来的通讯量。为保密起见，副舰长以下的官兵都不知道这次行动计划。

11月17日，准备出发的舰只准备就绪。舰上装备了武器、弹药、粮食，飞机的副翼、方向舵、升降舵上还涂上了耐寒油膏。山本参加了为南云所率舰队出发的饯行仪式，他的演说感人肺腑，激人奋进，要诸位将士不可粗心大意，预想可能发生的情况。山本走到担任此次攻击队队长的渊田面前，握住他的手，其目光中充满了信任和鼓励，渊田顿时感觉有一股暖流涌入心头，发誓决不辜负山本的期望，胜利完成任务。

山本选择了千岛群岛内择捉岛的单冠湾作为众多军舰的集结地点。这个地点绝对隐蔽，不容易引起各方的注意。它位于日本列岛的北面，是偏僻的港口，平时是渔业基地，人口稀少。而且港湾大，能容纳大型舰队。这样，只要禁止一切船只进出，断绝同外界的联系就可以做到保守机密。11月15日，山本对南云忠一率领的队伍下达命令，要求各进攻军舰务必隐蔽地从不同地点前往单冠湾，到22日前集结完毕。为确保隐蔽，他们化整为零，有的绕道太平洋，有的取道日本海，并关闭无线电通讯，集体处于缄默状态。21日，山本根据军令部的指示发布了“联合舰队第五号作战电令”，要求攻击舰队务必于11月26日自单冠湾出发，12月3日傍晚进入待命海域并加油完毕。22日晚，南云率领的以6艘航空母舰为基干的30多艘战舰集结在单冠湾。为确保行动保密，山本以演习为名切断了该岛与外界的一切联系，一切由军队控制的状态直到12月8日才解除。

航线的选择也是山本下的一个赌注。如果航线选择不当，可能遇到美国巡逻机或其他国的船只，后果不堪设想。从日本到珍珠港有北方、南方、中央3条航线可以选择。第一条是经阿留申群岛的北方航线；第二条是经中途岛的中央航线；第三条是经马绍尔群岛的南方航线。3条航线各有利弊。南方航线上有荷兰、英国、美国控制的岛屿，距离夏威夷的航程最近，最容易被发现；中央航线有来自威克岛、中途岛的巡逻机，危险性也很大。而北方航线处于阿留申群岛和中途岛之间，近几年美军的巡逻机几乎不出现在北方航线，如果选择北方航线，被发现的可能性很小。只是北太平洋的冬天季风强，气候恶劣，风急浪高，海况极为恶劣。山本根据近十年的天气数据统计，舰队所要通过的北太平洋地区，在 12 月份中，24 天有暴风雨，只有 7 天有好天气。这种恶劣的天气，想做到中途燃料补给是非常困难的。但是，山本认为，选择航线也如赌博一样，也需要下赌注和冒险，他对经过多次在强风和恶劣气候下进行演习的联合舰队有很强的信心，希望避开美军的侦察，如其所愿到达珍珠港。

11 月 26 日清晨 6 时 30 分，南云率领攻击舰队，从单冠湾起航出发了。这支由 6 艘航空母舰为主力的舰队还包括 2 艘战列舰、3 艘巡洋舰、9 艘驱逐舰和 3 艘潜艇。此外还有 8 艘油轮和 2 艘驱逐舰开到北太平洋等候。南云队伍向东行驶，行至西经 165 度、北纬 43 度时，突然转向朝南直奔夏威夷。他们关闭了一切无线电通信联络，朝着 98 度的航线，向着夏威夷以北 200 海里的集结地点前进。

12 月 1 日，东条英机主持的内阁全体会议上，日本正式决定对美国、英国、荷兰开战。下午 5 时，山本用密码给进击珍珠港的攻击舰队发出了密电"攀登新高峰 1208"，这意味着机动舰队要按照原计划进行。"赤城"号飞行长增田，在日记中这样写道："一切均已就绪，无左，无右，无悲伤，无欢笑。"可见当时出发的海军官兵是何种心情。面对无垠的大海，他们所有的思绪都已经停滞，只能期盼战争胜利后平安返航了。

而此时的山本，正在"长门" 舰上焦急地等待着。在舰队航行途中，他还是有三个担心，一是担心气候条件恶劣，无法进行燃料补充；二是在中途被发现或遇到其他国的商船会使计划暴露；三是太平洋舰队的主力舰要停泊在珍珠港内才能如期展开偷袭。此时，他如同进入了摩纳哥的赌场，时时刻刻都在为自己的赌注紧张着。而这一次，他不是为自己赌博，而是将全日本民族的命运都押在了这场赌局中了。

山本的赌运极佳。

首先，山本担心的恶劣气候没有遇到。出发后的攻击舰队由于恰巧遇到了来自西伯利亚的高气压，故一路没有遇到任何风浪。于是，第 2 补给队顺利完成了为攻击舰队加油任务。山本心中窃喜，感到如有神助。

其次，日本攻击舰队虽然在途中遇到其他国家的舰只，但没有暴露行踪。12 月 6 日，舰队行驶中遇到了一艘商船。这令整个舰队处于高度紧张状态，有人建议南云将其击沉。但南云谨遵山本的“一旦遇到别国船只，不许主动进行攻击”的嘱托，没有轻举妄动，而是将舰炮瞄准商船，一旦发现该船用无线电联络外界，就将其击沉。但幸运的是，该商船没有理会日本联合舰队，很快驶向远方了。

再次，美国的太平洋舰队主力舰集中停泊在珍珠港。12 月 7 日，日本潜伏在夏威夷的间谍吉川发来了情报，汇报 6 日停泊在珍珠港的舰艇有战列舰 9 艘，轻巡洋舰 3 艘，驱逐舰 17 艘，潜艇领航舰 3 艘，其他船只若干。他在电报中建议对珍珠港这些地点进行奇袭，成功是十拿九稳的。当攻击舰队得知此情报后，草鹿龙之介和源田实对航空母舰不在珍珠港内表示遗憾，而负责全队指挥的南云则认为有 9 艘战列舰已经很满足了，一样可以实施对珍珠港的偷袭行动。

得知一切如愿后，12 月 7 日，山本下达了最后命令：“皇国兴废，在此一举，望我军将士，各尽其职，以告大成。”第 1 补给队为整个舰队进行了最后一次加油，攻击舰队旗舰的桅杆上升起了“DG”信号旗。这与36年前日本海海战时，联合舰队司令长官东乡平八郎在“三笠号”升起的“Z”字旗意义相同，而且口号也颇为一致。山本已经将珍珠港海战与36年前的日本海海战同样视为决定着日本帝国百年国运的一次重大搏击。

山本的属下也深受影响，抑制不住内心的激动。他的参谋渡边安次在日记中这样写道：“夏威夷，你像一只老鼠陷入捕鼠器一样。只有一天时间了，享受你那和平的美梦吧！……把一个民族的命运就这样押在一场赌博上，这该是多么惊心动魄的事情啊！”

12月7日晚，是珍珠港海战即将爆发的前夜。日本高层都将目光关注于珍珠港，海军省一夜都处于高度紧张状态，焦急地期盼消息。山本深切地感受到等待的煎熬，他将赌注押在了珍珠港一战，并且他已立下了军令状，如果奇袭不成功，毋庸置疑，只能剖腹自杀。他只能默默祈祷上天，希望命运之神对他眷顾，将好运带给他，带给执行任务的日本联合舰队，带给让他引以为豪的日本帝国。

/ 燃起太平洋的战火 /

对于进攻夏威夷的时间，山本已经下达了明确指令，要在日本驻华盛顿外交使节把日本对美国的最后通牒亲自递交给美国政府手中30分钟之后，也就是东京时间12月8日上午3时10分开战，1秒也不准提前。也就是说，日本必须遵守国际公约，不能不宣而战。但这个精确的进攻时间，对联合舰队而言存在着一定难度，他们必须掌握好航速，估计飞机起飞的时间，不能先于这个时间到达夏威夷海域。

攻击舰队指挥官南云一直看着手里的表，神情严峻，他所在的“赤城”号旗舰的指挥室内鸦雀无声，静得能听到表的“滴答”声。指针刚刚指向了东京时间12月8日早晨3时10分，南云便高喊一声：“起飞！”

联合舰队的士兵们操练了数月，早已按捺不住，就盼着指挥官下命令的这一刻去执行作战任务。在北风呼啸声中，6艘航空母舰马上转为逆向行驶，各航空母舰上的1号飞机马上启动，迅速离开舰艇起飞，接着其他飞机接连飞上夜空。这里距离珍珠港 360 公里。

由于飞机承载了过重的炸弹，起飞颇为困难，驾驶员咬紧牙关，紧张地握紧操纵杆，神情凝重，待飞机慢慢升空后才如释重负。15 分钟内，除了 4 架因起飞前出现故障，2 架失事外，包括 43 架战斗机、49 架高空轰炸机、51 架俯冲轰炸机和 40 架鱼雷轰炸机在内的 183 架飞机全部完成了起飞任务。他们在攻击队长渊田美津雄的指挥下，很快完成了编队，向珍珠港方向飞去。

这次声势浩大的飞机空袭，日本出动的飞机总数达到 360 架，分成两个攻击波次。第一个波次由 16 个飞行中队组成，共 183 架飞机，指挥官为渊田美津雄；第二个攻击波由 10 个飞行中队组成，共计 171 架飞机，第二波指挥官为岛屿少佐，他率领第二波飞机将在第一波攻击 1 小时后，实施二次攻击。攻击的对象是美国的军舰、军事设施和空中力量。由 354 架飞机组成的强大的攻击机群，如密密麻麻的黄蜂同时驶向夏威夷的方向。

作为攻击任务的总指挥官渊田美津雄中佐肩负的任务是最艰巨的。他要在关键的时刻，确定是奇袭还是强攻。这是一个战略战术的问题，要根据情形而定。如果对方毫无戒备，就可以运用奇袭的方针，命鱼雷轰炸机队降至海面 10 米高度，向在泊的美国舰队发射鱼雷；如果对方发现的话，就采取强攻的方式，命高桥赫一少佐率领的俯冲轰炸队打头阵，向地面上尚未起飞的飞机和对空射击的高炮群发动猛烈的攻击，接着其他的机群再实施攻击。这两套作战方案需要根据渊田信号手枪所发的信号弹而定。发一枚信号弹为奇袭，发两枚则是强攻。渊田盼望着珍珠港是个晴朗的天气，从上空容易做出各种判断。

天公作美，天气晴朗，确实是一个适合作战的好天气。飞机飞到珍珠港上空时，渊田拿着高倍望远镜，从 3000 米高空可以清晰地看到珍珠港的情况。

此时的珍珠港天刚破晓，露出鱼肚白，珍珠港内一片静谧，几艘战列舰还在港湾内沉睡着。由于这一天是星期日，忙碌一周的美国海军们彻底放松了，准备度过一个慵懒的周末。然而他们却不知，等待他们的是一个噩梦般的早晨。

珍珠港内没有任何警戒的征兆，渊田一阵窃喜。东京时间 12 月 8 日 早晨 3 时 10 分（夏威夷时间 12 月 7 日早晨 7 时 40 分），他举起信号枪，朝着天空发出一颗信号弹，示意要全队准备展开奇袭行动。

看到渊田的信号后，高桥少佐率领的俯冲轰炸机开始上升，准备在 4000 米高空待命实施俯冲攻击。村田少佐率领的鱼雷轰炸机开始降低高度，准备低空轰炸。只有板谷率领的制空战斗机队没有理解渊田的用意，这令渊田非常着急。于是，他向制空机队方向又补发了一枚信号弹。但是，这枚信号弹的发送却引起了一些误会。正在进行升空的高桥俯冲队误以为连发两枚信号弹是实施强攻，所以他没有升到预定的 4000 米高度就俯冲直下，这一动作对正在低空飞行的村田少佐的鱼雷轰炸机队是极大的干扰和妨碍，迫使他们不得不加快速度。最后，高桥还是冲在了前面，最先以俯冲轰炸机发动了攻击。早晨 3 时 25 分（夏威夷时间早晨 7 点 55 分），高桥少佐的俯冲轰炸机在惠勒机场上空，投下了第一颗 250 公斤重的炸弹，日本对夏威夷的战争打响了。

早上 7 点 55 分，正是美国海军吃饭的时间。最初，美国海军们误以为是喜欢特技的海军飞行员在炫耀自己的本领，或者是海军统帅金梅尔组织的军事演习，都没有在意。但几乎同时，弹雨如注，炸弹铺天盖地地袭来，珍珠港内顿时狼烟四起，火光冲天，他们这才意识到遭到了空袭，惊恐万分。美太平洋舰队司令部的值班参谋急忙用电话通知金梅尔，并向海军作战部长、美大西洋舰队司令等拍发了特急电报，告知珍珠港遭到了空袭的消息。直到早上 7 时 58 分，巴特里克·比邻卡少将才在珍珠港福特岛司令部拉响了空袭警报，进行了广播，告知“珍珠港受空袭，这不是演习！”美国海军这才仓促应战。

高桥带领的 50 架俯冲轰炸机对美军的西凯姆机场、福特岛机场、惠勒机场狂轰滥炸，飞机场上排列有序的飞机被炸得支离破碎，顿时成了一片火海。美军的防空力量基本上丧失了。接着，村田率领的 40 架鱼雷轰炸机投入战斗，在低空 20 米疯狂地投射鱼雷，攻击了“俄克拉荷马”“西弗吉尼亚”“加利福尼亚”和“犹他”号战列舰。美军的空袭警报拉响后，第一攻击波的指挥官渊田直接率领的 50 架水平轰炸机从南面进入轰炸航线，5 机组成一组的纵队，每架飞机相隔 200 米，以重型穿甲弹向福特岛东侧的战列舰和依哇机场进行轰炸。结果击中了“亚利桑那”号战列舰的弹药库，随即引发大爆炸。随后，预定做掩护任务的战斗机因没有遇到升空的美军飞机，也参加到轰炸队伍中。他们分成 6 个编队对 6 处机场进行了扫射。55 分钟后，第一波的飞机成功完成任务后返航。上午 8 点 40 分，第二波 170 架飞机飞到瓦胡岛，上午 8 点 55 分开始攻击。这次，由于美军已经有所准备，故遭到了美军的零星抵抗。经过 50 分钟的战斗，第二波的飞机队同样成功地完成任务并返航。

在 1 小时 45 分钟的空袭中，美军在港的太平洋舰队主力几乎全部被毁。美军 12 艘战舰被击沉或击伤，飞机被击毁 188 架，击伤 159 架。美军有 2401 人丧生，受伤人数达 1282 人。日本方面只损失 29 架飞机，阵亡 55 名飞行员，还有 1 艘大型潜艇和 5 艘袖珍潜艇被击沉，艇员中 9 名战死，1 人被俘。日本联合舰队以微小的代价取得了辉煌的战果。

珍珠港事变中，美国亚利桑那号战列舰被击中起火，不久后沉没

日军突袭珍珠港，美国战列舰西弗吉尼亚号被击成重伤

日军突袭珍珠港，美国驱逐舰肖号被击中，燃起熊熊大火

日军突袭珍珠港，美国海军海伦娜号驱逐舰被击中

日军突袭珍珠港，救援人员正在用小艇营救加利福尼亚号战列舰上的幸存者

在珍珠港上进行空袭时，在日本“长门”号旗舰上等待消息的山本等人已经是急不可耐。在作战室内，海军要员们彻夜未眠。日本陆军在哥打巴鲁和菲律宾的巴坦岛成功登陆的捷报相继传来，大家兴奋过后，都不作声了，其实都有同一个疑问：海军是否也能像陆军一样取得成功呢？

山本神情严肃，微闭着双眼，坐在大桌子前的椅子上。在场沉静的气氛令人恐惧，简直让人无法透气。

这时，联合舰队的一个通信兵如疾风一样跑进来，手里拿着电报纸大声喊道：“电报到了！”

所有人的目光都齐刷刷地盯着这封电报。山本睁开眼睛，马上从椅子上站了起来，问道：“是什么内容？”

“是连发的虎虎虎!”通信兵连忙应道。

4 分钟后，电波再次传来“虎！虎！虎!”的信号。“虎虎虎”是日军电报的暗语，意思是“我奇袭成功”。

接着，作战室又连续收到了攻击舰队发来的电报：

我们奇袭成功!

敌战舰遭我鱼雷轰炸机的猛烈攻击，战果辉煌!

我们轰炸了敌西卡姆机场，战果辉煌!

同时，作战室内的无线电接收机中也直接听到了美方的大量明码电报内容：

“SOS……attacked by Jap bomber here…”（求救……这里遭到日本轰炸机的攻击。)

“Oahu attacked by Jap dive bombers from carier.”（瓦胡岛遭到日本从航空母舰上起飞的俯冲轰炸机的攻击。)

“Jap—— this is the real thing!”（日本真的进攻了!)

当山本听到这些信息后，脸上终于露出了欣慰的笑容。

日本空袭珍珠港后，美国太平洋舰队军舰损失约 50%，飞机损失约 70%。被称为世界上最强大海军的太平洋舰队，损失极为惨重。担任指挥任务的渊田最后一个离开珍珠港上空，返航后，建议南云忠一进行第 3 次攻击，彻底摧毁美军在太平洋的军事力量。渊田认为，虽然敌舰已经被炸沉，但还可以打捞上来修理翻新，所以，应该对珍珠港内的军工厂、修理设施和现有的重油罐进行重点攻击，彻底摧毁美军的这些目标。同时，第 2 航空队的司令长官山口多闻也持同样意见。但南云没有采纳他们的意见，认为珍珠港的战果辉煌，况且航母不在珍珠港内，再次发动攻击意义不大，应该迅速返航，以防万一。

在山本的“长门”舰的司令部内，也存在同样的争论。山本最后没有下达再次出击的命令，将权力交给了南云，认为由南云决断为宜。只是电令南云：“归途中，若情况允许，一定要空袭中途岛，力争将其摧毁到不能再用的程度。”

其实，启用南云是山本用人中的一个失误。南云生性胆怯，并无指挥航母作战的实战经验。接到山本五十六任命的担任进击珍珠港司令官之职时，他彻夜难眠，食不甘味，曾为没有拒绝该职务而一直后悔不已。在攻击舰队折返途中，南云接到山本的命令后，以天气条件不好为由拒绝执行，成为偷袭珍珠港战役中的一个遗憾之处。后来接替金梅尔继任美国太平洋舰队司令的切斯特·威廉·尼米兹上将一针见血地指出：

美国海军上将尼米兹

山本把袭击时间限定为一天，袭击目标又限定在有限范围之内，南云舰队空袭之后，美军许多重大的战略目标尚完好无损，日军没有更好地利用这一来之不易的绝好机会，给美军迅速恢复元气保留了基础。

可见，这是南云犯下的一个军事大忌。也许，美军应该感谢没有战略意识的南云，他为美军迅速恢复战力创造了条件。否则，如果日本再对美军进行新一轮的攻击的话，会让美国的太平洋舰队彻底丧失元气的。

日本联合舰队奇袭珍珠港成功的消息很快传遍了日本国内。

12月8日清晨6时，在陆军省记者俱乐部，陆海军报道部向等候在这里的记者们发布了大本营陆海军部公报：帝国陆海军在今天（8日）拂晓，于西太平洋地区同英、美军展开了激烈的战斗。虽然只有3分钟的播报，但引起了巨大反响。《东京新闻》这样描述了当时的情景：

啊！就在这一瞬间，战斗的时刻到了！永远也不能忘记这条震惊世界的新闻，虽然只有短短的30个字，然而这确实如同一把钢刀，猛然刺入敌对国的心脏！记者们手中紧握着铅笔，笔尖不停地在纸上划动着，发出唰唰的书写声，摄影记者们的闪光灯一起发出夺目的光束，在这短短的3分钟内，通告开战的特号新闻就这样发布完了。

7时，日本第一广播电台在临时新闻联播中就连续几次广播了东京陆海军部发布的联合公告，还特意配上了《军舰交响曲》《拔刀队》等乐曲为其背景音乐。日本国民精神为之振奋，军国主义思想弥漫全国。11时，日本大本营又发布了第二号联合公告：“帝国海军于今天凌晨对夏威夷美军和航空兵断然进行了猛烈的大规模空袭，战果辉煌。”接着11时45分，广播电台发布了天皇的“宣战大诏”，东条英机以“拜受大诏”为题，发表了“胜利永存于皇威之下”的全国讲话。下午1时，广播电台又接连对日本海军的战况进行宣传。

在日本国民心目中，帝国海军与山本五十六具有同样的分量。山本五十六就是帝国海军的象征，他们已经把山本五十六与东乡平八郎并列地奉作日本的“海军战神”。

偷袭珍珠港对于嗜赌成癖的山本五十六来说，是他平生最大的赌注。山本终于在这场太平洋豪赌中成了赢家！对他来说，这场赌博真是酣畅淋漓！珍珠港海战再一次向世界证明，在海上作战，飞机是远远优于战列舰的。他平生一直倡导的思想终于被世界认知了！这是他一生所追求的最高梦想！

在“长门”号旗舰内，山本提笔抒发了自己的心情：

今我已下定决心，一旦奉大诏而堂堂出击，则置生死于度外，闯过难关。

然而此战为未曾有过之大战，种种曲折亦有之。倘存惜名誉而抱自身之私心，则绝不能完成此大任。因之以诗曰：

浩荡皇恩记心间，弃誉舍命何所惜。

这体现了山本为天皇而战的武士道精神，为法西斯帝国效力的赴死决心。为了赢得这场战争，他已经变成了一个彻头彻尾的法西斯国家的战争工具。

然而，在兴奋过后，山本开始沉思了。

虽然暂时赢得了这场豪赌，但这对于日本来说意味着什么呢？之后会不会引发更大的战争呢？如果美国与日本交战，日本能维持多久呢？想到这些，他脸上流露出忧郁的神情。

当有人问他为什么不快时，他答道：“我就要唤起一头沉睡的狮子。”在这日本全民皆欢的胜利时刻，山本仍能保持清醒的头脑，实属难得。但他也掩藏不住内心的恐惧和不安。因为他知道，沉睡中的强敌一旦醒来，日本将难逃厄运。

相关链接：

偷袭珍珠港的日本袖珍潜艇全部葬身珍珠港

“二战”时期，日本海军重视海上特种作战，舰政本部第1部第2科科长岸本鹿子治上校，提出了建造袖珍潜艇的建议。他的设想是在日本舰队与他国舰队海上决战时，由母舰携带的袖珍潜艇趁机出动，用鱼雷攻击敌人的主力舰，一旦动力耗尽可以逃脱，回到母舰。1932年，该舰艇开始研制。1933年首次完成了样艇的建造。1940年9月正式装备部队。

该型艇舰长24米，直径2米，排水量46吨，动力装置为600马力电机1部，设计航速25节，水下续航力为80海里6节，潜航深度100米，艇上装备450毫米鱼雷发射管2个，有艇员2名。同时，日本还建造了“千代田”号、“千岁”号和“日进”号水上飞机供应舰，用以搭载这种袖珍潜艇。

在山本五十六策划偷袭珍珠港方案时，日本海军中尉岩佐直治、松尾敬宇等恳求山本将袖珍潜艇作为偷袭珍珠港的秘密武器。他们策划的方案是，先用浅水母舰将袖珍潜艇运送到珍珠港附近，使其从水下接近美国舰队，再施放鱼雷，炸毁美国舰艇。山本加以拒绝，其原因如下：

首先，袖珍潜艇轰炸威力小，持续作战能力低。它不能发射当时轰炸能力强、口径有610毫米的“九三式”氧气鱼雷，只能发射威力小得多的450毫米鱼雷，而且只能装2枚。它对美国舰队不能造成威胁。

其次，它的续航力小，最大作战半径只有16公里。即使美国老式战列舰主炮射程都在33公里左右，战斗中的母舰必须要在袖珍潜艇作战半径内放出，然后在一边等待收回，否则舰艇人员无法返回。该舰艇在作战中简直是等死。

所以，山本以该艇参战人员无法返回为由加以拒绝。但是，岩佐直治、松尾敬宇不死心，多次请求参战。为了确保偷袭珍珠港的成功，山本答应了他们。但是要求他们“不可贸然进入珍珠港航道，袖珍潜艇的一切行动不能危及航空母舰兵力的突然袭击。”

1942年12月6日，5艘袖珍潜艇潜伏在离珍珠港10海里远的水域。7日7点50分，当日本舰载飞机对珍珠港进行猛烈袭击时，这5艘舰艇通过了美军的防潜网，对水面上的美军舰队开始攻击。可惜，5艘舰艇一无所获，4艘被击沉，1艘遭到机械故障被美军俘虏。5艘袖珍潜艇全军覆没，葬身于珍珠港。

/ 东京被空袭 /

日本偷袭珍珠港的太平洋联合舰队是美国人未曾料想到的，因为在此之前，日本正与美国进行着一场长达9个月的外交谈判。按照国际外交惯例，在谈判期间是不可以发动战争的，不宣而战是国际外交上的一个大忌，是会受到国际社会的严厉谴责的。然而，日本却使用了外交欺骗，施展了障眼法，这令美国为之震惊和愤怒。

山本当时曾寄希望于日美之间的谈判，如果谈判成功，则取消袭击珍珠港的计划。如果谈判破裂，再如期进行战争。事实上，日美之间的谈判由于双方都毫不退让，谈判几乎陷入僵局状态。但在日本当局的授意下，日方代表故意拖延谈判的时间，因为早在11月2日，日本政府已经批准了山本的战争计划，确定了偷袭珍珠港的时间为12月8日。直到12月6日20时30分，日本政府才把对美的最后通牒通告驻美外交特使野村吉三郎。日本政府指示他，向美国递交该文件的时间是华盛顿时间12月7日下午1时（东京时间12

月8日上午3时)，即日机袭击珍珠港前半个小时，以免日本背上不宣而战的恶名。但是，日本大使馆翻译电文、打字耽误了时间，直到下午2时20分，野村和来栖才把通牒递交给美国国务卿赫尔，此时已经是日本攻击珍珠港之后的55分钟了。

赫尔一改往日热情的态度，抬头看了看墙上的挂钟，扫了几眼文件，神情严肃地回复他们："我想直截了当地告诉你，我在过去同你进行历时9个月的谈判中，从未说过一句谎话。这完全有档案可查。我在50年的职业生涯中，从未见过这样一份厚颜无耻、充满虚伪和狡辩的文件。到目前为止，我做梦也没有想到，在这个星球上，竟有如此牵强附会和说出这么多谎言的国家。"

赫尔话语犀利，对日本这个国家充满了鄙视和谴责，他不想再和无耻的日本人进行任何的交涉，就下了逐客令。野村二人自知理亏，灰溜溜地退出了。气愤中的赫尔用家乡的语言骂出了"无赖加屎虫!"

山本五十六对珍珠港太平洋联合舰队的不宣而战一直心存愧疚。在开战前，他对指挥官南云千叮咛万嘱咐，一定不能提前实施轰炸，要掌控时间在3时30分左右，就是怕触犯国家外交禁令，让日本背上不宣而战的恶名。攻击舰队返回后，山本第一时间内质问实施轰炸的攻击队队长渊田，为什么要提前轰炸，当渊田解释原因后，山本沉默了一阵说，客观形势所迫，只能如此了。但山本内心一直为此惶恐不安。1942年1月9日，山本在给好友绪方竹虎的信中写道：

……袭击珍珠港是不宣之战，乘敌熟睡之际，割人首级，不足为取，乃东洋武士之精神所不能容。再次提及，更觉羞愧。对我切齿愤恨之敌，不久必将发动反击，或在海上进行决战，或对日本本土乃至舰队主力实施空袭……

山本所料确为实情。日本偷袭珍珠港的事件对于美国来说，简直就是一个晴天霹雳。自负的美国人对日本的空中力量估计得太低，也没有意识到日本政府的侵略本性，没有客观地看待日本。由于没有对日本给予正确的认识，所以美国对日本的侵略行径一直采取绥靖政策，没有将日本作为假想敌。但未曾料想，日本竟然能对强大的美国发动突然袭击，致使美国的太平洋舰队遭到了重创，死伤了 3000 多名官兵。这一次，正如山本所言，美国这头巨狮真的被唤醒了，美国人被激怒了。

一个美国评论家就此评价道："攻击珍珠港，不过是打了对方的脸，激起了对方的极大愤怒而已。"事实确实如此。偷袭珍珠港的第二天，美国参众两院根据美国总统罗斯福的要求，召开紧急会议，讨论对日策略问题。情绪激动的罗斯福一改往日坐轮椅入场的习惯，而是坚持在他儿子的搀扶下缓慢走入。在众人钦佩的目光下，他走上讲台，发表了一篇震撼人心的演讲。他这样讲道：

昨天，1941 年 12 月 7 日，一个污名长留的日子，美利坚合众国突然遭到了日本帝国海空部队的蓄意进攻……我要求国会，自 1941 年 12 月 7 日，星期日，日本无端和怯懦地发动进攻开始，合众国与日本帝国之间就已进入战争状态。

珍珠港事变当天，美国总统罗斯福在国会对日宣战

罗斯福的发言赢得了阵阵掌声，他代表全体美国人民宣布了对日本进行作战，并声明有仇必报、决不妥协，从而美国正式参加了第二次世界大战，加入到世界反法西斯国家的阵营中来。

罗斯福重新调整了人事安排，启用了切斯特·威廉·尼米兹上将接替金梅尔的太平洋舰队司令，1942 年 4 月，又任命他为中太平洋战区的总司令。这样，美国西太平洋战区由司令麦克阿瑟指挥，中太平洋战区由尼米兹指挥，在太平洋战争中开始了与日军的较量。

美国总统富兰克林·罗斯福和麦克阿瑟、尼米兹在一起

偷袭珍珠港成功后，山本一直担心一个问题，就是美军为报珍珠港之仇，空袭东京怎么办？如果美军飞机来袭，东京这样的城市是无法防护的。1942年2月1日开始，美国海军舰载机对马绍尔群岛、吉尔伯特群岛和威克岛等实施一连串的空袭，这让山本的神经变得紧张起来。山本的参谋长回忆说，“长官经常提到，几乎可以肯定，美国经过整顿肯定会对我们进行报复，应当保护东京免遭空袭，这是必须记住的头等大事。”他在写给新桥艺妓丹羽美智的信中也对此表示过担忧：

开战已3个多月了，并没有遭到敌人的空袭，为此人们感到心满意足，更增加了安全感，甚至还有人感谢我，认为这是我的功劳，这是完全错误的。敌人没有前来空袭，与其说是我的功劳，还不如说是敌人本身的错误，应该去感谢美国。可以想象如果敌人前来轰炸的话，像东京这样的城市是无法防护的……到敌人前来轰炸的那一天，国民们不把责任完全归咎于海军，也就足矣了。总之依我看，还是多加小心为好，最好是把人员和财产疏散一半到郊区去。

第一阶段的作战，如同儿童时期的黄金时代一样，很快就过去了。接着，便步入了成人时期，道路是坎坷的，不应再打瞌睡了，要振作起来……

他预计美军的空袭是必定发生的，今后对美战争“道路是坎坷”的，要求民众“不应再打瞌睡了，要振作起来”。所以，他不管在哪里作战，不管公务多么繁忙，总是会特别关注东京的气象情况。若被告知是晴朗天气，他就提心吊胆；如果是阴雨天气，他反而开心快乐起来。这种反常之举动让许多人为之不解，认为他过于杞人忧天了，东京离美国本土那么远，轰炸有可能吗？

为防范美军空袭东京，山本对东京加强了戒备。他特意在离日本本土600~700海里处设立了一条舰艇瞭望线，海军飞机每天进行远程巡逻。在沿海配有300海里作战的陆上基地部队，在东京港外500海里的海域派有监视艇。1942年初当马绍尔群岛、吉尔伯特群岛遭到空袭后，山本更警觉起来，预感到东京将是下一个袭击目标，于是迅速从西南太平洋调回南云忠一指挥的两艘航母，以加强对本土东面的空中防御力量，同时加派航空战队日以继夜地警戒。

但是，山本担心的事情，还是发生了。

1942年4月18日6时30分，在本州东海面上执勤的“第23号日东丸”渔船在巡逻警戒中，发现了美国一支舰队。船员们顿时紧张起来。当时，天刚蒙蒙亮，船长拿起望远镜，在雾中隐约发现了3艘航空母舰，马上用无线电向东京发报："6：30，我们在犬吠以东650海里处发现了3艘敌人的航空母舰。"但是，当山本等人准备再了解具体信息时，信号中断了。山本知道，该渔船凶多吉少，或许被美舰击沉了。

原来，这是一支由威廉·哈尔西中将率领的美国特遣舰队，正在执行空袭日本东京的任务。

美国海军上将欧内斯特·金

此行动的最初策划者是美国总统罗斯福。他为了鼓舞士气，打击日本的侵略气焰，决定对东京进行一次空袭。他把任务交给了美国海军作战部长兼美国舰队总司令欧内特·J.金上将。

金上将是新任的美国舰队总司令，他提出了“攻势防御”战略，意思是“抓住你得到的一切战机，在你可能的一切地方打击他们”。但是，执行空袭东京的难度很大。美国在太平洋上缺乏空军基地，美国最大的双引擎轰炸机的续航能力也无法从夏威夷飞抵日本本土。而海军的舰载轰炸机都是单引擎的，作战半径小，也不能飞到日本本土，况且山本五十六已经早有戒备，美军的航空母舰要想通过太平洋海域游弋到日本近海不太可能。金上将接受了作战部参谋佛朗西斯·洛中校的一个提议——由航空母舰运载续航力很大的B-25式陆军中型轰炸机前往东京进行轰炸。

美国B-25型轰炸机

一架 B-25 轰炸机，正在轰炸一艘日本军舰

这是一个大胆的设想，连山本五十六也没有估计到，美国人能用航空母舰载着陆军军人和陆军的大型轰炸机去执行空袭任务。在这个计划中，B-25 轰炸机在距离东京 450 海里海域内起飞，对东京进行空袭，任务结束后准备飞越东海，抵达中国机场降落。因为美国舰队已经在珍珠港海战中损失惨重，出发的这支舰队几乎占了美国在太平洋上的一半力量，所以必须要保证其安全。在陆军轰炸机起飞后，航母必须迅速返航，以确保航空母舰的安全。也就是说，B-25 轰炸机没有退路，必须在其续航能力范围内完成轰炸任务。如果陆军轰炸机没有按照预定区域提前起飞的话，其续航能力可能到达不了东京，或者返回途中因能源耗尽坠落大海，其危险性是相当大的。但对日本有着满腔仇恨的美国军人已经将生死置之度外，以必死的决心去执行这一神圣的任务。

指挥空袭东京的美军中校杜立德正在向部下下发任务书

陆军中校詹姆斯·杜立德担任这次任务的飞行指挥官。他是一个出色的航空学家和飞行员。曾几次在横跨全美的飞行中打破飞行速度纪录，并完成了外圈筋斗的高难动作和黑夜飞行的着陆，荣获过美国国会颁发的荣誉奖章。这次，他接受了负责改装飞机、训练飞行员和执行此次空袭的任务。他首先对 B-25 进行了针对性的改装，加装副油箱，使载油量增加一倍，续航能力增强。为了执行这次任务，他从 3 月初就在佛罗里达埃格林机场对 24 组机组人员进行了严格的训练，要求在 500 英尺的跑道上驾驶改装后的 B-25 轰炸机起飞。最后选定了 16 个机组，登上航空母舰“大黄蜂” 号去执行空袭的任务。

4 月 2 日，由威廉·哈尔西中将率领的美国特遣舰队出发了。该特遣舰队由 2 艘航母、4 艘巡洋舰、8 艘驱逐舰组成。航空母舰“大黄蜂”号上，载着 16 架 B-25 轰炸机。陆军中校詹姆斯·杜立德担任指挥官。他决定 13 架飞机轰炸东京，每架投弹 4 枚；3 架轰炸名古屋、大阪和神户。不曾料想，在 4 月 18 日晨，在距东京 668 海里的警戒线上，发现了日本“日东丸”号渔船，并截获了该船用无线电报警的电报。在得知行踪已经被日方发现的紧急情况下，威廉·哈尔西中将果断地命令美国舰队巡洋舰“纳什维尔”号击沉了日本的“日东丸”号渔船。所以，任凭山本怎么联络，该船无线电已经无法应答了。

与此同时，哈尔西传令，“大黄蜂”号上的16架B-25轰炸机提前起飞。

哈尔西中将作战勇猛，性格直率，疾恶如仇，对日本深恶痛绝。战争之前，他曾几次访问过日本，日本政府连续几次敬赠给他多枚勋章。但是，日本偷袭珍珠港事件让他彻底认清了日本政府的扩张野心。他尤其痛恨山本五十六，认为他是偷袭珍珠港的罪魁祸首。临战前，哈尔西将日本政府的这些勋章交给杜立德，告诉他“到东京上空，把这些东西如数退给那帮家伙吧!”据说，空袭前一天，美国海军军官把这些勋章都拿到了“大黄蜂”号，系在了飞行甲板上500磅炸弹的尾部，等轰炸时随之落在东京，以示抗议。

美国海军中将威廉·F.哈尔西

提前起飞，飞行员们都知道这意味着什么。轰炸机即使到达了东京上空进行轰炸，袭击也只能在白天进行了。白天进行轰炸的危险性会进一步增强，况且东京方面已经得到了预警，会对其有所防备，说不定没到东京上空就会被击落。而且，因为提前起飞，飞机装载的燃料只够飞行员飞到离中国海岸135 英里的地方，这样看来，飞行员完成任务后安全到达中国机场的可能性是微乎其微的。

"飞行员准备起飞！我致杜立德中校及英勇的飞行员以崇高的敬意。愿上帝保佑你们。"哈尔西下达了这个命令后，心情极为沉重。杜立德第一个驾机驶离"大黄蜂"号，接着 15 架飞机接连起飞。哈尔西只能目送着这 16 架远去的飞机，祈祷飞行队员能平安归来。

日本方面虽然得知在距东京 650 海里处发现了美国舰队，但是按照常规，从距离东京 668 海里的位置上起飞的舰载机，对日本本土进行空袭是不可能的。所以，他们没有对日本本土进行防御，而是采取紧急措施，来对付美国舰队。

山本五十六下令采取"对美舰队作战第 3 号战术方法"，派第 11 航空舰队的一部分兵力到本土东部。他命令第 2 舰队司令近藤海军中将立即率领横须贺地区的水面部队，高须海军中将的第 1 战列舰队指挥 4 艘战列舰也从广岛湾火速起航，支援近藤作战。此外，他还命令山县正乡海军少将指挥的第26 航空战队的 32 架中型轰炸机和 12 架零式战斗机迅速从东京附近木更津基地起飞，进击美国舰队。

日军的零式战斗机

杜立德率领的美国空中突袭队经过6小时的飞行，已经到达了东京上空。看见了日本第一炼钢厂，机组人员打开了机腹弹舱门，将225公斤的炸弹扔下，顿时黑烟滚滚，融合在一团黑色和红色的云团里。接着，美国空中突袭队对东京以南的海军造船厂、机场、飞机制造厂、学校等军用和民用设施一通狂轰滥炸。从第1枚炸弹投下，到俯冲完毕为止，整个轰炸过程不超过30秒。之后，他们扬长而去。

由于山本等高层人员判断失误，东京遭到了前所未有的空袭。此时的山本正忙着调动他强大的海军舰队来对付美国的航空母舰。南云部队中的渊田美津雄，此时正乘着“赤城”号从印度洋归返，在途中目睹了这一切。他在《中途岛海战》中写道：

美国海军舰载机对日本东京发动空袭

到13点整，“赤城”号收到报告说东京被炸，紧接着又收到一个接一个的报告，说横滨、川崎和横须贺也被轰炸。稍后不久，又一连串的报告，说敌机还轰炸了更南面的名古屋、四日市、和歌山以及神户。敌人的攻击面这样广，我们南云部队简直不知怎么办才好，联合舰队司令部也同样不知所措。

美国空袭东京，使得日本50人丧生，252人受伤，90幢建筑受损或倒塌，日本柴油机制造公司、日本钢铁公司第一钢铁厂、三菱重工公司、交通部变电所、横滨制造公司仓库、名古屋飞机制造厂等重要处所被轰炸。

其实，这次空袭只是象征意义的，给日本造成的经济损失并不大。但对于沉溺于自我陶醉的日本民族来说，心理上的打击是非常大的。杜立德回忆说：

当我们飞入日本上空时，还听到日本无线电台正用英语广播日本人生活的乐趣以及他们如何毫无轰炸的恐怖。正如我们所想到的，这时的广播停止了，再听时，广播者却是慌慌张张地讲着日语。那时，我们想，东京恐怕不是一个安全的乐土了。

日本人经过这次轰炸变得恐慌起来，不安全感油然而生。

空袭过后，日本方面为了安抚日本民众，宣布美国空袭并没有给日本造成多大损失。他们以美国空袭指挥官杜立德中校的名字“Doolittle”与英文“do little”(成就甚微)的发音相近，讽刺这次空袭“成就甚微”。

山本虽然表面上毫不在意，对外说“算不上什么真正的空袭，对东京人来说，不过是一次有利于提高警惕的防空演习而已”。但是内心却非常懊恼。他几个月来预想的事情还是发生了，而且他事先的防备措施没有丝毫用处，美机没有遭到任何日本战斗机和高射炮火的有效抵抗。他在5月2日写给古贺峰一的信中倾诉道：

上月18日的空袭一事，给人一种感觉就好像一个自鸣得意、飘飘然的人，忽然上了别人的当那样的尴尬。虽说损失并不大，但帝国首都毕竟蒙受了耻辱。更遗憾的是，连一架飞机也没有击落，实在有失国体。此也无异于给“一次拙劣的攻击胜过巧妙的防御”做了恰如其分的说明。

可见，这次东京空袭给山本的刺激是很大的。虽然根据陆海军国土的防卫协议，日本本土的防空是陆军负责的。但是这次是美国太平洋舰队发动的空袭，日本海军有责任在海上对其进行拦截和歼灭。为此，山本再三向天皇请罪，认为没有尽职尽责，让天皇受到了惊吓。这次空袭后，为了保卫东京，山本只能把“瑞鹤”号和“翔鹤”号航空母舰及大批舰只从太平洋上调回日本本土。这无疑牵制了日本在太平洋上的兵力。

美国对东京本土的空袭，使日本陆海军恼羞成怒，开始对降落在中国的美国航空队员以及中国民众施展了报复行动。当时执行空袭任务的美国飞机共 16 架。因燃料耗尽，1 架降落在苏联海参崴，其余 15 架飞机在浙江、安徽、江苏等地坠毁。75 名飞行员被迫跳伞，其中 3 人丧生，8 名被俘，64 人被中国军民救助。杜立德在中国跳伞后，被一个中国农民救助，他找到 4 名同伴一起向中国军方求助，辗转到了重庆，回国后被罗斯福总统授予象征美国最高荣誉的荣誉勋章，并被授衔准将。因大多飞机坠落在浙江地区，日军便在浙江一带搜捕美国飞行员。在搜寻无果后，怀疑中国民众藏匿了美国飞行员，于是在 5 月 15 日发动了浙赣战役，疯狂地报复中国人，屠杀了大约 25 万中国平民。这更激起了中美两国人民的反抗，促使他们更加紧密地团结起来，结成反法西斯联盟，对残暴的日军发动反击。

相关链接：

空袭东京的美国 B-25 陆军轰炸机

B-25 是北美航空公司于 1938 年设计的一种中型远程轰炸机。飞机以早年的航空战略家比利·米切尔的名字命名，又称 B-25 米切尔型轰炸机。第一批量产的 B-25 轰炸机于 1940 年 8 月 19 日进行首次试飞，1941 年春 B-25A 正式运交部队开始服役，主要供美国的陆军航空兵使用。

该机全长 16.13 米，总重近 13 吨，时速每小时近 500 公里，续航能力约为 2173 公里，可容纳机组人员 5 人。耐用、坚固，是美国当时最先进的轰炸机之一。B–25 因其综合性能和起飞性能良好被选中携带 2000 磅的炸弹飞行 2400 英里，去执行空袭东京的任务，并成功完成了这一使命。

为适应战事的需要，B–25 进行着不断改装。1943 年，美军在 B–25G 型机头上加装了 77 毫米的 M4 加农炮，这是“二战”实战中飞机上的最大口径的火炮。但 1944 年时，拆掉了可移动的机头而改装成“二战”结束时的最终型号 B–25J，主要用于完成轰炸任务，但其各个方向上仍装有 18 挺 12.7 毫米的机枪。美国停产前各型 B–25 共生产了 9889 余架，这一数量超过任何美国的双发飞机。

参战实例：

1.空袭东京。16 架 B–25 飞机从“大黄蜂”号上起飞，对东京进行空袭，成功完成了任务后飞向中国，但因提早起飞，飞机燃料耗尽，全部坠毁。

2.中国战场。1943 年 8 月起开始应用于中国战场。1943 年 11 月 –1941 年 1 月，常德会战期间中国空军使用 B–25 型战斗机。

3.1943 年 11 月 25 日中美空军轰炸台湾新竹机场也有 B–25 参与。

4.1943 年 3 月美日俾斯麦海战中，B–25 和其他机型的飞机共同参战，击沉了日本的 13 艘商船，7 艘驱逐舰，死亡人数达 3000 多人，损失战机 59 架。

/ 珊瑚海海战受挫 /

东京被空袭，让日本天皇和平民都受到了惊吓。日本高层深感来自美国的威胁，决心扩大外围防御圈。所以，海军军令部做出了夺取珊瑚海的作战计划。

在对美开战后，山本主张把防御圈向东推进到中途岛和阿留申群岛西部，认为来自东面的攻击才是最大的威胁，主张夺取中途岛。而海军军令部一部分人则认为，澳大利亚将是英美借以反攻的最大据点，主张南进占领澳大利亚。陆军也同意南进，主张切断美澳交通线。在一片反对声中，山本的中途岛计划迟迟未得到批准。而陆军和海军一部分人主张南进的计划得到了批准。

海军省开始推行它的南进计划。1942 年 2 月，日军占领了澳大利亚东北的俾斯麦群岛的拉包尔基地，3 月占领了新几内亚的莱城、萨拉莫阿。随后，决定向西南太平洋推进，夺取新几内亚岛的莫尔兹比港和所罗门群岛的图拉吉岛，以掌握该地区的制海权和制空权。

莫尔兹比港是巴布亚新几内亚半岛南部的最大军港，濒临珊瑚海，美国将此作为战略基地，飞机可以从这里起飞到各处，这对日本的南进方针造成了威胁，所以，日本准备夺取莫尔兹比港。

夺取莫尔兹比港的关键是夺取珊瑚海的制海权。珊瑚海位于澳大利亚的东北，是世界上最大的海，面积有 480 万平方公里，位于伊里安岛、所罗门群岛、新赫布里底群岛和新喀里多尼亚岛之间。如果掌握了珊瑚海的制海权，则能保证莫尔兹比港和图拉吉岛的安全，切断和控制美国与澳大利亚的交通线，美国对日本的反击机会则减小了。所以，珊瑚海重要的战略位置注定了日美双方要进行一场殊死的决斗。

其实山本反对南进政策，认为见效慢，一旦失败会增强美国太平洋舰队的力量。但军令部已经制定了南进计划，山本无奈，只能接受了军令部的指示，进攻莫尔兹比港，并将这次作战计划定为“MO”作战。山本的好友井上成美中将任指挥官，时任特鲁克岛第 4 舰队司令。为增强力量，山本又派出高木武雄海军中将率领的第 5 航空舰队及第 5 巡洋舰战队助战。参加这次作战的日军阵容强大。有 2 个编队，航空母舰 3 艘，分别是“瑞鹤”号、“翔鹤”号及“祥凤”号轻型航空母舰；舰载机 146 架，分别为“九九式”舰载俯冲轰炸机、“九七式”鱼雷攻击机和零式战斗机、“一式”陆上攻击机；还有重巡洋舰 7 艘、驱逐舰 7 艘。

然而，山本没有料到的是，美国海军作战部已经破译了日本海军电报的密码，对山本的作战意图已经了如指掌了。

原来，1942 年 1 月，在澳大利亚达尔文海域附近，日本“伊 -124”号潜艇与美国的“埃索尔”号驱逐舰和 3 艘澳大利亚的猎潜舰遭遇。结果，日本

“伊 –124”号在交战中被击中，沉入了海底。

美国太平洋舰队司令尼米兹上将得知此消息后非常欣喜。尼米兹沉稳坚毅，深谋远虑，深得总统罗斯福的赏识和信任，在珍珠港海战后就任太平洋联合舰队司令之职。他重建指挥系统以协调太平洋战区的海陆空三军力量，筹划切实可行的作战行动。鉴于珍珠港事件的教训，他加强太平洋舰队情报机构的建设。当他得知日本潜艇被“埃索尔”号驱逐舰击沉后，认为这是个非常大的收获，或许能从中发现一些以前不为所知的秘密。他不惜调来“霍兰”号浅水母舰，动用了许多技术精湛的潜水员深入海底，两天后终于将日本的舰艇打捞上来。

果然，在“伊 –124”号指挥室和电报间中，美国海军得到了一个令他们欣喜若狂的重大的收获——日本的战略密码本和技术密码本。尼米兹得知后，如获至宝，密码本就是战争的指导手册，得到它，就等于已经事先知道了敌人的战略部署，战争的主动权已经掌握在美国手里了，还有什么比这更激动人心呢？

4 月 17 日前，尼米兹根据日本的密码本截获日军进击珊瑚海的情报，甚至还掌握了即将南下的两支机动舰队的行动计划以及登陆部队从拉包尔出发的日期。他立即调遣兵力，命令弗莱彻海军少将率第 17 特混舰队进驻珊瑚海，其中有“约克城”号和“列克星敦”号航空母舰，舰载机 143 架，巡洋舰 5 艘、驱逐舰 9 艘。虽然兵力方面优势不如日本方面，但尼米兹相信，以其掌握的军事情报，会在珊瑚海海战中给日本以巨大打击，扭转日美交战以来一直被动的局面。

本来思维缜密的山本这一次却疏忽大意了。他以为密码本已经随舰艇沉入海底了，没想到密码本已经落入敌手，并且被敌方成功破译了。从美国人破译日本密码开始，山本的命运开始出现了彻底的改变，他的厄运也就开始了。

5 月 1 日，日本机动舰队从特鲁克岛、攻击舰队从拉包尔分别出发。5 月 3 日，攻击舰队攻占了所罗门群岛东南端的图拉吉，准备以此夺取莫尔兹比港。没想到，攻击舰队遭到由美国“约克城”号起飞的 40 架飞机的两次轰炸，1 艘驱逐舰、3 艘登陆驳船和几架飞机被炸毁。幸运的是，日本的“瑞鹤”号和“翔鹤”号航母在拉包尔加油，才避免了被美军轰炸。美日双方的首次交战，由美方掌握了先机。

急于报仇的高木中将，于 5 月 4 日指挥机动舰队沿所罗门岛急速南下，于 5 月 5 日进入珊瑚海，企图从美军航母编队的后侧实施攻击。与此同时，美军特混舰队向西部行驶寻找日本舰队。双方飞机在浩瀚的珊瑚海上整整搜索了 2 天，由于气候不好，双方舰队虽然距离只有 70 海里，但擦肩而过，没有相遇。

7 日，双方的侦察机都发现了彼此的舰队，并由舰载机展开了轰炸。在激战中，日本“翔鹤”号和“瑞鹤”号航空母舰舰载机击沉美国油船和驱逐舰各 1 艘。同时，美舰载机攻击日军登陆船队和护航编队，仅用 15 分钟就击沉日本的“祥凤”号航空母舰，成为“二战”期间击沉战舰最快的一次，636 名舰员死亡。这是日本在太平洋战争中首次丧失航母。

8 日，一场势均力敌的珊瑚海大战终于拉开了帷幕。双方均出动了侦察机搜索对方，以捕捉战机。双方航空母舰编队在 200 海里距离上，几乎同时发现了对方的舰队，均出动舰载机向对方的舰群展开了攻击。美军出动飞机约 70 架次，对高木舰队发动攻击。由于天气条件恶劣，日本的“瑞鹤”号航空母舰逃进雷雨区，免遭袭击；“翔鹤”号航空母舰中弹3枚，严重受伤，舰上死伤人员共148名。在美军轰炸日军航母的同时，日军出动飞机约90架次，也对美舰发动攻击。结果，美军“列克星敦”号航空母舰中弹沉没，“约克城”号航空母舰被击伤。

从8日激战的结果来看，美军损失66架飞机，42000吨的“列克星敦”号航空母舰沉没，“约克城”号严重受伤，另有1艘油船和1艘驱逐舰被击沉，伤亡543人；日军损失了1艘“祥凤”号轻型航空母舰，“翔鹤”号航空母舰遭到重创，1艘驱逐舰被击沉，损失飞机77架，伤亡1047人。美国的2艘航空母舰已经丧失了作战能力，而日本3艘航母中，“瑞鹤”号还完好，显然形势的发展有利于日军。这时，如果日军发动进攻的话，美国的太平洋舰队将会在珊瑚海上惨遭灭亡。

但是，这个关键时刻，负责进攻的高木武雄和负责全局指挥的井上成美却错误地估计了形势，与珍珠港海战中的南云忠一一样，也犯了战略上的错误。他们认为，日本方面保存下来的航空兵力不足以支援登陆的部队进攻莫尔兹比港，应该专注于飞机的整修和燃料的补充。这样，8月8日17时左右，在夜幕降临前，他下令第4舰队推迟莫尔兹比港的攻击作战，返回拉包尔。

正在柱岛“大和”号密切注视着这次战役的联合舰队司令山本，在得知珊瑚海战况后，气愤地指责井上成美中将应该继续攻击，扩大战果。但井上以“将在外，君命有所不受”的态度仍一意孤行，发电报称：“MO作战延期，大洋岛、瑙鲁岛的攻击照原计划实施。”这一次，山本动怒了，亲自给第4舰队下达了命令：“严令继续追击，歼灭残敌！”军令部部长永野修身大将对此也非常气愤，与山本的意见一致，命令联合舰队继续追击。

井上成美可称为日本的政治家、军事家，但这次在用兵上却没能把握最佳时机，有人评价说，是缺乏韧性和彻底精神的表现。井上接到山本强硬的电报后，如梦初醒，命令高木中将掉头向南航行。茫茫大海，如何找到美国舰队呢？日本已经错过了最佳的追击时间，美国第 17 特混舰队早已经撤出了珊瑚海，返回珍珠港。日军苦苦搜寻了一天无果，只好在 8 月 10 日撤离珊瑚海。

珊瑚海海战是航空母舰编队在战争史上远距离以舰载机首次实施交战，是历史上一场没有见到对手的第一次海上作战。双方势均力敌，互有伤亡。但是，这是日本自开战以来，在太平洋战场上的第一次受挫，预期占领莫尔兹比港的目的没有达成。美国海军联合舰队司令尼米兹认为，日本在战术上略胜一筹，而美国则在战略上赢得了胜利。

对于这次战役，英国首相丘吉尔在他的《第二次世界大战回忆录》中写道：

这次遭遇战所产生的影响以及战术上的重要性不成比例，就战略而言，这是美国与日本交战以来第一次可喜的胜利。像这样的海战，从前是没有见过的，这是水面舰只没有互相开炮的第一次海战……这个消息传遍了全世界，产生了振奋人心的影响，给澳大利亚、新西兰与美国带来了莫大的安慰和鼓舞。以重大代价换来的战术教训，不久在中途岛战役中应用，得到了杰出的战果。中途岛的战役序幕拉开了。

珊瑚海海战的结果令山本非常恼火。他冥冥之中预感到一种不安的因素，日本有可能从此以后就要走下坡路了。山本所料完全正确，从珊瑚海海战开始，太平洋战争进入了战略相持阶段。

/ 中途岛惨败 /

在偷袭珍珠港成功后，山本一直忧虑重重。因为多年留美的经历，使他深知日本和美国国力的差距，认为日本必须在美国的工业生产能力总动员之前就取得战争的胜利，否则日本会遭到致命的打击。他曾预言的“会在战争开始的前 6 个月或 1 年所向披靡，但对第二年或第三年的作战完全没有信心”就是按照这个逻辑进行阐述的。山本极力主张，在美国太平洋舰队的休整期间，立即出兵中途岛，彻底摧毁美国的太平洋舰队。

中途岛面积仅为 4.7 平方公里，其地理位置特殊，位于太平洋东西两岸的中间位置，东距美国旧金山 2792 海里，西距日本横滨 2244 海里，故称为中途岛。同时，中途岛在珍珠港西北，是珍珠港面向日本方向的屏障，美军将其作为海军基地。该地一旦失守，美军则无法派遣侦察机进行远程搜索，珍珠港的安全则无法保障。因其重大的军事及战略价值，所以山本将下一步的攻击目标锁定了中途岛。

山本认为，进击中途岛有着重要的战略意义。一方面是为了夺取这块战略要地作为前进的基地，以便及时发现从夏威夷群岛向西活动的舰队。另一方面，通过攻打中途岛，诱使美国太平洋舰队前来救援，达到在海上进行舰队决战的目的。在日本偷袭珍珠港时，山本曾命令南云率领机动舰队从珍珠港返回途中攻击中途岛，借此一举歼灭太平洋舰队，但是南云为了保存实力没有执行，错过了一次千载难逢的机会。

日本海军司令山本五十六在查看海图

偷袭珍珠港成功后，山本极力推行他的中途岛计划。他通过分析双方的兵力情况，认定日本取胜的可能性很大。太平洋舰队的军事实力在珍珠港重创后已削弱，而联合舰队的机动部队的兵力比开战时还要强大。在航空母舰方面，美国太平洋舰队当时只有 4 艘航空母舰，而日本联合舰队则有 7 艘大型航空母舰和 4 艘轻型航空母舰。他认为抓住日本军事实力比美国强的时机，趁机占领中途岛是最佳的选择。

但是这个计划遭到了日本各方的反对，一直处于讨论中。如军令部作战部一科科长富冈定俊大佐和科员三代辰吉中佐坚决加以反对。他们认为，当前最关键的是切断美国与澳大利亚的联系，防止美国把澳大利亚作为前进基地。以中途岛为基地进行防卫和空中侦察起不到太大作用，而且维持这一远离本土孤岛上的补给却是相当困难的。第 2 舰队司令长官近藤信竹海军中将和他的幕僚们也表示反对。他们认为，中途岛作战没有岸基飞机支援，而敌人不仅能从中途岛起飞大量的岸基飞机，还可以使用航空母舰部队。这诸多不利的条件应该考虑进去。

山本此时在日本的地位如日中天，到了被一些人神化的地步。1942 年 4 月 4 日，在山本 58 岁生日的那天，海军省人事局授予山本 2 枚勋章，一枚表示一等功的“旭日”勋章，另一枚表示二等功的“金鵄”勋章。山本处于一种狂妄自大的状态，是根本是听不进去别人意见的，执意要进攻中途岛。他强调说，联合舰队司令部和军令部对中途岛作战计划已经作了仔细研究，双方取得了一致意见，不能再改变了。尽管中途岛作战有风险，但如果能做到出其不意，没有理由担心会失败。

由于山本的坚持，4 月 10 日，日本大本营批准了他的中途岛计划。4 月 18 日，由于东京被空袭，一些反对山本进击中途岛的人，都有了 180 度的大转弯，认为山本有先知先觉，对其更加迷信般的信赖，进击中途岛的计划得到了各方的认可。

4 月 28 日，山本在“大和”号旗舰上召开海军高级将领会议，确定了进攻中途岛的具体作战计划。他准备先派遣一支舰队佯装进攻北面的阿留申群岛，在该群岛的阿图岛、基斯卡岛登陆，以此引诱美国太平洋舰队的支援，然后以主力舰队趁机夺占中途岛。作战日期初步定在 6 月初。

5 月 5 日，日本海军军令部发布了《大本营海军部第 18 号命令》，并被命名为“米号作战”。全文如下：

奉敕

命联合舰队司令长官山本：

1.联合舰队司令长官，要和陆军协同作战，攻占“中途岛”和“阿留申群岛”西部各重要地区。

2.有关细目，待军令部总长另行下达指示。

军令部总长永野修身

接到命令后，山本精神振奋起来，制定了更加详密的进击计划。他认为自己开战以来，没有身先士卒，同士兵同甘共苦，亲临现场指挥，自觉惭愧。所以，这一次，他要挂帅亲征，率领他的旗舰“大和”号开赴前线，共同体验胜利的喜悦。

山本决定以 6 支编队分别出击。

第 1 支主力编队由山本海军大将指挥，有 1 艘轻型航空母舰“凤翔”号、水上飞机母舰 2 艘、舰载机 19 架、水上飞机 50 架、战列舰 7 艘、轻巡洋舰 3 艘、驱逐舰 21 艘、补给舰 4 艘。他们在中途岛西北 600 海里布防，准备迎击救援的太平洋舰队。

第 2 支编队是由南云忠一海军中将指挥的机动舰队，有“赤城”号、“飞龙”号、“加贺”号、“苍龙”号 4 艘航空母舰、舰载机 266 架、战列舰 2 艘、重巡洋舰 2 艘、轻巡洋舰 1 艘、驱逐舰 12 艘、补给舰 5 艘。这是作战的先锋部队，负责对中途岛实施登陆前的轰炸。

第 3 支编队是由近藤信竹海军中将指挥的中途岛的攻略部队。有航空母舰“瑞凤”号 1 艘、水上飞机母舰 2 艘、舰载机 23 架、水上飞机 40 架、战列舰 2 艘、重巡洋舰 8 艘、轻巡洋舰 2 艘、驱逐舰 21 艘、运输舰 14 艘、补给舰 8 艘。

第 4 支编队由细萱戍子郎海军中将指挥的阿留申部队，有“龙骧”号和“隼鹰”号 2 艘航空母舰、搭载舰载机 82 架、水上飞机母舰 1 艘、水上飞机 10 架、重巡洋舰 3 艘、轻巡洋舰 3 艘、驱逐舰 12 艘、潜艇 6 艘、扫雷舰 5 艘、运输舰 3 艘、补给舰 3 艘。任务是空袭美军荷兰港，攻占阿留申群岛的阿图岛和基斯卡岛。

第 5 支编队由小松辉久海军中将率领的先遣编队，有轻巡洋舰 1 艘、潜艇供应舰 1 艘、潜艇 17 艘。负责在中途岛和夏威夷之间设置三道潜艇警戒线对美军进行侦察。

第 6 支编队由冢原二四三海军中将指挥的岸基航空部队，有岸基飞机 214 架，其中 46 架由机动编队的航母搭载，负责对中途岛战役进行空中支援。

日本海军经过了珍珠港海战后的一系列战役，攻无不克，战无不胜。日本海军在爪哇、印度洋等方面作战已经击溃了美、英、荷舰队，日本陆军已控制了马来半岛、爪哇、新加坡，所以日本官兵们正处于狂热的膨胀阶段。对于这次进攻中途岛，日本海军于 5 月 1 日到 4 日在“大和”号舰上举行了作战的图上演习。但是，图上演习非常草率，他们根本没有想过失败的问题。他们天真地认为，美军缺乏斗志，日本此战必胜。他们盲目自大，过于乐观，很少有人想过失败的问题。

但这时候，联合舰队司令山本却感到冥冥之中有一种不安的因素。因为在中途岛开战前，有过不吉的预示。

5月25日中午，在柱岛“大和”号舰上，进行局部沙盘演习的官兵准备吃午餐。但厨师端上来的是豆酱烧家鲫鱼，也称“加酱烧”。山本见后马上脸色顿时大变。因为，这正好和“失败”是一个读音，难道这场战役注定是失败的吗？他有些迷惘了。

在开战之时，飞行队长渊田美津雄在舰队出发不久，突然患了阑尾炎，不得已在舰上做了手术，不能参加实战的指挥了。还未出战就倒下了一名优秀的指挥官，让山本非常郁闷，只好让永友文市海军大尉接任。更令人费解的是，航空参谋源田实在探望渊田后，也忽然发烧得了急性肺炎，一直高烧不退。出发后，山本也忽然感到剧烈的腹痛……这一切，他无法解释，或许是一种不祥的征兆吧？

5月27日，山本给情人千代子的信中这样写道：

29日就将起锚出征，在海上需3周左右的时间，我将亲自指挥全军奋战。说心里话，对这次出征作战，我并不寄予多大期望。今天是纪念日，道路崎岖坎坷，已到顶点。

对于酷爱赌博、善于推断的山本，为什么预感到了“道路坎坷”“对这次出征不寄予多大期望”呢？这一切很让人匪夷所思。

山本将出征的日子定为日本海军纪念日——5 月 27 日。这个日子是东乡平八郎率领的日本海军在对马海峡战役中歼灭俄国波罗的海舰队、迫使俄舰队投降的日子。山本期望此次出征与对马海峡战役一样，取得辉煌的战果，留名青史。

5 月 27 日，由南云忠一中将指挥的第 1 机动舰队从柱岛出发了。该舰队下辖“赤城” 号、“ 加贺” 号、“ 飞龙” 号与“苍龙” 号航空母舰。29 日，由山本五十六大将亲自指挥的主力舰队与由近藤信竹中将指挥的第 2 舰队分别由柱岛与威克岛出发。山本出动了 7 艘航空母舰，200 多艘舰只，全部舰只的总吨位为 150 万，飞机 1000 多架，这种庞大的阵容盛况空前。

然而，美军太平洋联合舰队司令尼米兹已经通过美军破译的密码，事先得知了山本准备攻击中途岛的消息。他选定了弗兰克·杰克·弗莱彻海军少将和雷蒙德·斯普鲁恩斯海军少将为作战的指挥官。

斯普鲁恩斯为哈尔西海军中将极力推荐的，当时为巡洋舰司令。他头脑冷静，遇事沉着，大胆心细，细致周密，并有准确的判断力，被尼米兹称为“是将军的将军”。他们 3 人仔细研究了作战计划，决心在美军兵力处于劣势条件下，利用破解的日本方面的信息，将防御与反攻相结合，给日本舰队狠狠的打击。

他们决定大力加强岛上的防御，把一切可以抽用的战舰和飞机调到中太平洋。在珊瑚海遭到重创的“约克城”号航空母舰，如果在和平时期需要 3 周左右的维修时间，但是为了能参加中途岛海战，尼米兹违背了海军条例，下令珍珠港船厂维修人员昼夜不停地抢修，结果只用 3 天时间就修复了，奇迹般地投入到海战中，这令山本等人猝不及防。加上“企业”号和“大黄蜂”号，美国有了 3 艘航空母舰。而在珊瑚海海战中受伤的日本的航空母舰“翔鹤”号、“瑞鹤”号均无法参战。日本减少了2艘航空母舰，美国却增加了1艘，双方航空母舰的对比变为4∶3，大大减小了双方的差距。

美国“企业”号航母

5月28日与29日，由雷蒙德·斯普鲁恩斯少将指挥的第16特混舰队与弗莱彻少将指挥的第17特混舰队分别从珍珠港出发，迎击来犯之敌。他们如瓮中捉鳖一样，布置好一切等待着日军的进犯。

6月5日，中途岛海战打响了。

4时30分，在中途岛西北240海里海面上，南云下令第一波攻击机群108架舰载机从“赤城”号、“飞龙”号、“加贺”号、“苍龙”号4艘航空母舰起飞，在攻击队长永友文市海军大尉的率领下轰炸中途岛。其中包括水平轰炸机、俯冲轰炸机和战斗机各36架。5时30分，中途岛上的雷达已经发现了日军机群，岛上的警报器拉响了。清晨，当日本飞机向中途岛进行轰炸前，驻扎在中途岛机场上的美军战斗机和轰炸机全部升空迎敌。零式战斗机以其优良的性能和数量上的优势，使得美军飞机无法抵御。最后，日本的零式战斗机仅仅以损失2架的微小代价，就击落了美军40架飞机。接着，日本轰炸机对岛上的建筑、油库、飞机库一通狂轰滥炸，但是没有达到摧毁中途岛的军事力量之目的，因为美军已经将飞机升空，没有发现 1 架飞机在机场，也没有发现任何航空母舰在中途岛附近的海面上。而这时，日本的飞机弹药已尽，燃料不足，只能返航。

永友指挥官建议南云，要进行第 2 波攻击，彻底摧毁中途岛。

正在南云犹豫之时，7 时 10 分，从中途岛起飞的第一批美军 10 架鱼雷轰炸机出现在南云舰队的上空，向日本航空母舰“赤城”号猛冲过来。南云顿时吓出了一身冷汗。但是美机没有战斗机护航，日军零式战斗机的攻击力强，日舰的炮火也十分猛烈。结果，美军飞机发射的鱼雷无一击中目标，只有 3 架返回了中途岛。

这时南云意识到，自己舰队的位置已经被美方掌握了。原来，美军第 17 特混舰队指挥官弗莱彻少将早已派出 10 架侦察机进行搜寻侦察。同时，中途岛也派出了水上侦察机。其中，从中途岛上起飞的一架“卡特莱纳”水上侦察机透过云层发现了日本南云舰队，于是马上向弗莱彻报告。他向“企业”号航空母舰上的第 16 特混舰队指挥官斯普鲁恩斯发出电报，让他们首先发动攻击。7 时，斯普鲁恩斯命令舰上的 87 架飞机起飞。到 8 时 30 分，弗莱彻的飞机也全部派出袭击日本舰队。可见，美军灵敏的侦察系统和畅通的通信系统使得他们做好了应战准备，对南云舰队开始了有计划的一波又一波的攻击。

南云坚信中途岛的防御力量还很强，有必要对中途岛进行第二次轰炸。但是，对岛上的轰炸需要普通炸弹，而南云第二波攻击的飞机装的都是攻击航母用的鱼雷和穿甲炸弹，已经停放在甲板的跑道上，随时准备起飞。7 时 15 分，南云下令，将第二攻击波次飞机上装载的鱼雷和穿甲炸弹全部卸下，改装为对地面攻击的普通炸弹。

命令一下，航空母舰上一片混乱状态，机械兵把已停放在“赤城”号和

“加贺”号航空母舰飞行甲板上的飞机，重新用升降机运回下层甲板，将挂在机身的鱼雷卸下，再往飞机上配挂炸弹。这个过程需要 1 个小时 30 分钟。甲板上处于紧张忙碌之中。

在日军第一波攻击机群起飞的同时，南云还派出了 7 架侦察机向东、南方向海域对中途岛构成一个扇面进行搜索。但是飞机却出现了种种故障。“筑摩”号的 1 架侦察机引擎发生了故障，不得不在 6 时 35 分中途返航，如果这架飞机正常的话，本应该飞行到美军特混舰队上空，发现对方的航空母舰，那样，整个战争局势都会有所改变了。从巡洋舰“利根”号起飞的 2 架侦察机因为弹射器发生了故障，起飞时间耽误了半个小时，走错了航线，却意外地发现了敌情。4 号水上侦察机机长甘利洋司，在距中途岛 240 海里处发现了一支由 10 艘战舰组成的美国舰队。他马上汇报给南云，时间是 7 时 30 分。南云命令他继续侦察，如发现航空母舰立即汇报。

得知发现了美军的舰队，南云一直处于惊恐状态。因为此时“赤城”号和“加贺”号的轰炸机正在重新进行改装炸弹工作，无法起飞实行攻击，这时，如果对方的航空母舰派出轰炸机，那么此时的南云舰队则处于危险之中。他只能祈祷上天，赐予他好运，不要再遭到敌机的轰炸了。

正在南云焦急地等待侦察机的结果时，7 时 45 分，40 余架从中途岛起飞的美军 B-17 轰炸机和无畏式俯冲轰炸机又出现在南云舰队的上空，展开了对南云舰队的第二波次的轰炸。由于没有战斗机护航，很快又被南云派出的零式战斗机击退了。

南云舰队官兵们一片欢呼，嘲笑美军的飞机如此不堪一击，在战场上根本不是日军零式飞机的对手。但南云却如何也高兴不起来，美军的轰炸已打乱了他的部署。如果再遭到来自美方航空母舰上飞机轰炸的话，南云舰队的航空母舰就不会有那么好的运气了。但是，到底下一步的目标对准谁呢？是攻击中途岛还是海上的美方舰队呢？南云处于犹豫之中。

可怕的消息又传来了。8 时 15 分，南云接到了从 4 号侦察机传来的报告，美军舰队的后面确实有一艘航母存在。南云顿时惊恐万分，再次下令各舰停止装炸弹，飞机再次送回机库重新改装鱼雷。可怜甲板上的机械兵，刚刚装上炸弹，又要卸载，忙得晕头转向，大汗淋漓。这次，为了争取时间，他们把卸下的炸弹都堆放在甲板上，没有运回安全的弹药库。细节决定成败，没想到疏忽了运送炸弹的这一个细节，后来却给南云舰队埋下了祸根，炸弹被美方引爆，导致航母的自我毁灭。

8 时 30 分，第一波轰击中途岛的永友机群已经陆续返航，飞抵了南云舰队的上空。这时，南云已经彻底乱了阵脚，由于情况发生变化，第二波飞机还没来得及起飞。南云真的是进退两难。第 2 航空战队司令官山口多闻少将建议南云，立即起飞跑道上的轰炸机，出动没有战斗机掩护的俯冲轰炸机进攻。但南云考虑，即使此时第二波的飞机起飞，飞机本身装的只是杀伤力很小的炸弹，由于鱼雷没有装完，也没有战斗机护航，此时飞出去轰炸敌方，只能与前来攻击的美机同样下场，重蹈美机覆辙。如果那样的话，返航的飞机无法着陆，只能坠入大海了。那可是几十条优秀飞行员的生命啊！望着燃料即将耗尽在空中盘旋的返航飞机，南云犹豫了十几分钟，最后还是下令先让停在航空母舰跑道上准备起飞的飞机再次入库，把攻击时间推迟，让返航的飞机降落。等零式战斗机一架一架地降落完毕，40 分钟过去了。战机延误了。

为了避免再遭美机的攻击，南云把舰队时速增快到 30 海里，前进方向从东南改为东北，为舰队争取准备的时间。9 时 25 分，天空又出现了敌机。从美国“大黄蜂”号航空母舰上起飞的15架鱼雷攻击机，向日本“加贺”号航母的右舷飞来。这一次，他们还是没有战斗机护航，所以被零式战斗机和高射炮火击落，只有4架返回了中途岛。9时30分，从“企业”号、“约克城”号起飞的28架美军战机陆续尾随而来，向日本的“苍龙”号和“飞龙”号展开攻击。在攻击中，美军损失了20架鱼雷轰炸机，所投鱼雷竟无一命中。

面对美军的3次空袭进攻，日本的舰队仍然完好无损。南云舰队的士兵们更加认定本民族战舰“坚不可摧”的神话，全舰一片欢呼雀跃。现在，装载工作已经接近尾声，众多的战斗机已经做好了起飞的准备。南云准备对美军的航空母舰展开猛烈的攻击了。航母正在调头转向迎风的位置，舰上的飞机准备起飞。甲板上换好的鱼雷攻击机的螺旋桨已经开始转动，再过5分钟，将起飞进行第二波攻击。而此时，舰队甲板上正给零式战斗机进行加油作业，所以舰队上方没有一架护航的飞机。

10时24分，正在日方准备起飞这个最为薄弱的环节，南云舰队的上空忽然出现了33架从“企业”号起飞的无畏式俯冲轰炸机。它们俯冲而下，对准“加贺”号就投下了一枚炸弹，顿时爆炸了，接着又飞来了3枚炸弹。甲板上待发的飞机一下子被炸得支离破碎，无法再起飞了。“加贺”号几分钟就被摧毁了。“赤城”号航母也难逃厄运，炸弹接连在舰体深处爆炸，引爆了放在甲板上的炸弹和鱼雷，炮声隆隆，火光冲天。“赤城”号旗舰已濒临沉没。在士兵们的一再恳求下，南云只能离开旗舰，转移到了“长良”号巡洋舰上。17架从“约克城”号航空母舰上起飞的无畏式俯冲轰炸机接踵而来，对日本的“苍龙”号航空母舰进行轰炸。日军的3艘航空母舰在短短的8分钟，就被彻底炸毁了。

现在，南云舰队只剩下“飞龙”号航空母舰了，它巧妙地躲过了美军飞机的26枚鱼雷和70颗炸弹。第2航空战队司令官山口多闻少将也是江田岛海军兵学校的毕业生，晚于山本8届，与山本为故交。他见多识广，遇到大敌临危不惧，是当时日本海军中公认的杰出将领。此时，他意识到责任的重大，立即决定发动反击，摧毁敌人的航空母舰。10时40分，18架“九九式”俯冲轰炸机在6架零式战斗机的护航下，从“飞龙”号航空母舰起飞，它们尾随着一批正在返航的美军轰炸机，成功找到了美军的“约克城”号航空母舰，并立即发动攻击。日本飞机扔下的3颗炸弹使得“约克城”号遭到了重创。13时40分，10架日军“九七式”鱼雷攻击机在6架零式战斗机护航下，又对受伤的“约克城”号发起了第二次攻击。“约克城”号被2枚鱼雷击中，丧失了全部功能。弗莱彻少将被迫转移到巡洋舰，将指挥权移交给斯普鲁恩斯少将。这艘航母在6月6日清晨时又被日本的潜艇发现，被鱼雷击中，为其护航的驱逐舰也被鱼雷击中，航母第2天沉入了海底。

虽然已经击毁了日本的3艘航母，但斯普鲁恩斯少将仍然不满足，他拒绝返回的建议，派侦察机搜寻日本的“飞龙”号，准备一举歼灭。14时45分，美军侦察机发现了“飞龙”号航母，还有2艘战列舰、3艘巡洋舰、4艘驱逐舰。随着斯普鲁恩斯的一声令下，30架无畏式俯冲轰炸机从“企业”号、“大黄蜂”号起飞，去攻击日本的“飞龙”号。16时45分，“飞龙”号被4枚炸弹命中。与此同时，从中途岛和夏威夷赶来的美军飞机也投入了战斗，接连投弹，最后，“飞龙”号弃舰，舰队司令长官山口多闻和舰长加来止男拒绝营救，与舰共沉。

舰队的司令长官和舰长级的校官必须与其座舰同生死共存亡，是日本海军因袭英国海军的陈规。在山口和加来等人看来，选择与舰艇共存亡，这是日本传统的武士道精神，为国捐躯，虽死犹荣。

见4艘航空母舰全部被毁，南云无奈，只能下令返航。

山本的旗舰“大和”号正在距中途岛西北约800海里向东行驶，距离南云舰队约500海里。由于保持无线电静默，山本一直不知道南云方面的消息。从开战后，山本一直局促不安，他脸色蜡黄，汗水直流。不知是紧张所致，还是隐隐的腹痛使然，或许是两者兼有之。他很少说话，一会儿登上舰桥，望着弥漫的大雾，一会儿又在作战室内走来走去，焦急地等待着南云方面的消息。

6月5日10时50分，山本终于收到了来自南云舰队的消息，报告说：

遭敌舰载机和陆上飞机的攻击，“赤城”号、“加贺”号和“苍龙”号起火。拟“飞龙”号与敌航空母舰交战，我们暂时北撤，重新集结兵力。

对于听惯了战胜消息的山本五十六来说，这一次丧失了3艘航母的消息简直是晴天霹雳，让人难以置信，也让舰上的官兵瞠目结舌，许久都保持着沉默。

为了进行最后一搏，山本决定，由他亲自指挥，集中战争上的全部兵力，用他的几艘战列舰去支援已遭到打击的机动舰队。他率领的主力舰队将航速增至20节，向中途岛方向驶去。山本下令准备登陆中途岛的近藤舰队派部分兵力保护输送船团，并令其暂时西撤，第2机动的角田舰队率领航空母舰“龙骧”号、“隼鹰”号火速南下，前往救援。

此时，山本仍然没有放弃进攻中途岛和击溃美军舰队的计划。他认为，只要将阿留申方面的第2机动舰队召回中途岛，使航空母舰“龙骧”号、“隼鹰”号与南云舰队汇合，南云舰队实力会大幅增加，同时南云舰队利用

"飞龙"号去攻击敌人的航空母舰。此外，还可以进行水面夜战，进攻中途岛。于是，山本又下令，离中途岛最近的近藤攻略部队主力在夜间炮轰中途岛，中途岛和阿留申群岛的登陆作战推迟。但是，他接到了电报，说第2舰队正在攻击荷兰港，来不及参加夜战了。不久，南云也拍来电报，汇报"飞龙"号航母中弹起火。这个消息，令所有的人都黯然神伤，败局已定，进攻中途岛的希望完全破灭了。

日本的4艘航母，"加贺"号和"苍龙"号已经沉没，而"赤城"号和"飞龙"号仍然在海中燃烧。一旦被敌方得到，后果不堪设想。山本下令将它击沉。这是一个多么痛苦的决定啊，但为了大局，山本命令"野分"号驱逐舰前往击沉"赤城"号，舰上的263名官兵也将陪着它沉入海底。

见到"赤城"号一点点往下沉落，山本心里也在哭泣。他曾做过"赤城"号的舰长，随着它驰骋太平洋、印度洋，与它有着深厚的感情。眼见炸毁这艘他心爱的舰艇，有一种说不出的悲痛。他的参谋们一个一个地喉咙哽咽，连气也喘不过来。

6月5日23时55分，山本下令撤出战斗，并表示自己将承担一切责任，由他回去向天皇陛下请罪。他下令主力舰队、登陆舰队和第一机动舰队于6月6日上午到北纬33°、东经170°的地点集合，接受补给后西撤。

6月6日中午，山本与近藤攻击舰队、南云舰队会合完毕，准备西撤。出发时，这支浩浩荡荡的队伍已经面目全非，每个人脸色都流露出疲惫、惶恐、不安的神情，他们默不作声，踏上了回家的征程，不知等待他们的会是什么。

在撤退时，山本还准备对追击的美军杀个回马枪。他一面派出"瑞凤"号和"凤翔"号上的100多架飞机进行警戒护航，诱使美国舰队进入日本控制的作战区域。一旦美军追击至日本占领的威克岛上50多架中型轰炸机的作战半径内，日军将一举歼灭美国特混舰队。但是熟谙兵法的斯普鲁恩斯少将，准确地判断出山本的意图后，果断放弃追击。山本无法挽回败局了。

中途岛海战，日本损失了 4 艘航空母舰、1 艘重巡洋舰、322 架飞机，3500 名日军丧生，其中有 100 多名一流的飞行员。美国只损失了 1 艘航母、1 艘驱逐舰、147 架飞机和 307 人。

作为总指挥的山本遭受到了日本海军 350 年以来的第一次毁灭性的败仗。他将自己关在“大和”号作战室内 3 天不出来，冥思苦想，痛苦万分。他不明白战役的失败原因在哪里，难道真的是日本气数已尽了吗?

战后，渊田美津雄海军大佐总结了中途岛海战失败的原因，回答了山本生前一直没有揣摩明白的问题。渊田在其《中途岛海战》中写道：

归根到底，不仅在中途岛海战中，而且在整个战争中日本战败的根源是深深地蕴藏在日本的国民性格中。我国国民有一种违背理性的和容易冲动的性格，所以行动上漫无目标，往往自相矛盾。地域观念的传统使我们心胸狭窄，主观固执，因循守旧，对于即便是必要的改革也迟迟不愿采用。我们优柔寡断，因此易陷于夜郎自大，这又使我们瞧不起别人。我们投机取巧，缺乏大胆和独立精神，习惯于依赖别人或奉承上司。由于我们缺乏理性，往往把愿望和现实混为一谈，因而行事缺乏慎重计划。只有草率的行为失败后，我们才会理智地去考虑它。即使考虑了，但又往往为失败寻觅借口。总之，作为一个民族，我们的思想是不够成熟而又不善于调整适应。因此，我们便不知道为了达到我们的主要目的，该在什么时候做出牺牲和做出什么样的牺牲。

这些日本民族的弱点集中反映在中途岛海战中，导致中途岛的失败。当时机动部队的航空参谋源田实中校也以惋惜的心情总结说:“那个时候，被胜利冲昏了头脑，全体战斗人员的思想都有些松弛。”山本也同样具有这种弱点和心态，只不过他从未认真反思过而已。

南云和草鹿，曾几次自杀未遂。南云虽然没有受伤，但是他面容憔悴，形容枯槁，往日他那威风凛凛的英勇豪气已经消失殆尽。由于他指挥的失误，损失了 4 艘航母，鱼雷成了自我毁灭的武器。南云成为这次中途岛战役失败的罪魁祸首。

他们已经设想了回国后的各种结局。但是，令他们意想不到的是，6 月 10 日，当联合舰队官兵垂头丧气地上岸时，东京竟举行灯笼游行以庆祝胜利。日本电台播放了响亮的海军曲，并宣称日本已经“成为太平洋上的最强国”。原来，日本政府为了鼓舞民众的热情，掩盖了中途岛战败的事实，他们封锁了消息，对外称中途岛作战的结果是：“击沉了美国 2 艘航空母舰，而我方只损失航空母舰 1 艘，1 艘遭重创。”这种对民众欺骗性的宣传，让山本感到非常憎恶。

相关链接：

零式战斗机被美军解密

零式战斗机是在“九六式”舰载战斗机基础上改装的，昭和十五年（1940）正式由日本海军采用时，正好是日本皇纪 2600 年，后两个数字刚好是“00”，因此被称为零式战斗机，全称零式舰载战斗机。盟军代号为“Zero”。

此机由三菱重工业设计师堀越二郎设计，并由三菱重工业与中岛飞行机株式会社两家企业共同生产。零式战斗机是第二次世界大战期间日本海军装备量最大的战斗机，总计生产10449架。

零式战斗机有许多优越的性能，如重量轻、爬升率高、转弯半径小、速度快、机动性能好、航程远等特点。该机采用全封闭可收放起落架，电热飞行服，机关炮，恒速螺旋桨，超硬铝承力构造，大视界座舱和可抛弃的大型副油箱等设备。零式战斗机采用了950马力的中岛“荣”12星型气冷发动机，时速达到了533千米，机身全长仅9米，机舱内仅能容一人。零式战斗机使用的是超级铝合金，其抗拉强度好，耐疲劳强度更好，而且机体重量极轻，空重1.68吨，所以保证了极大的续航力，航程可达3000公里。

在太平洋战争初期，日本的零式战斗机性能超过所有盟军飞机，特别是其机动性和续航力无机能比。零式战斗机爬升率和转弯半径极好，能轻易超过F4F野猫式战斗机和P-40战斗机，在低空时用这两种飞机和零式战斗机进行缠斗无异于自杀。在太平洋战争初期几个月内，日军仅仅以250架零式战斗机投入了太平洋战场，把同盟军在太平洋地区的战斗机部队消灭了2/3。在新加坡、菲律宾、东印度甚至印度洋，零式战斗机所向披靡，其携带炸弹可以作为战斗轰炸机使用，有“万能战斗机”之称。

在中途岛海战中，一架紧急降落的零式战斗机被美军所俘获。1942年6月，中途岛战役中一架零式战斗机，紧急迫降在阿库坦岛的苔原上。5周后，一支美国搜索队发现了这架飞机和倒吊在座椅上死去的飞行员。美军立即将飞机装箱运回美国，修复并进行试飞，通过试飞寻找对付零式战斗机的办法并针对其特点设计新型战斗机。零式战斗机被解密出来。

他们的解密情况如下：

1.在高空飞行时，由于机体强度不足，副翼的动作出现呆滞，反应变缓，零式优异的垂直机动性能开始恶化，导致高速时易发生副翼失效。

2.由于零式采用的中岛“荣”12星型气冷发动机采用浮动式化油器的设计，高速俯冲时易造成发动机熄火，所以零式的俯冲速度不快，在战斗中如果被零式咬尾，应立即以高速度俯冲并滚转，通常可以摆脱。但不可使用爬升手段摆脱，也不要追击急速爬升的零式，否则死路一条。

3.零式没有任何装甲保护飞行员和油箱，油箱也没有自封装置和灭火设备，很容易被击中起火，曾被戏称为“空中打火机”。

美军研究出零式战斗机的弱点，在设计新式战机时就有了针对性。而且，在专门对付零式战斗机的新式战机问世以前，美军找到了立足现有装备对抗零式的有效战术，零式战斗机优势丧失。在东所罗门、圣克鲁斯海空战中，日本零式战斗机又受到很大挫败。1943年零式战斗机在性能和飞行员水平上已不是美军使用新式的F6F和F4U战斗机的对手，特鲁克空战中，它的优势殆尽，最后沦为“神风突击队”的自杀爆炸攻击的主要机种。

／ 再赌瓜岛 ／

中途岛之战后，日本海军损失惨重，失去了战争初期在太平洋上的制海权和制空权，更无法从海路夺取新几内亚的军事重镇莫尔兹比港。但日本大本营没有意识到日本实力减弱和美军士气高涨的现实，仍继续向南太平洋诸岛推进。1942 年 5 月，日本海陆军占领了所罗门群岛上的重镇瓜岛，并攻占图拉吉和佛罗里达岛。他们在瓜岛上建设航空基地，妄图切断美国与澳大利亚之间的联系，以陆军攻占莫尔兹比港，重新夺回战略主动权。

瓜岛全称为瓜达尔卡纳尔岛，是西南太平洋所罗门群岛中最大的岛屿。位于所罗门群岛的东南，长 150 公里，宽 48 公里，面积约 5302 平方公里。它于 1788 年被发现，1893 年成为英国保护领地，是英属所罗门保护国的一部分。该岛位于热带地区，是高温、多雨、潮湿的热带雨林气候，灌木丛生，蛇蝎出没，人迹罕至。但该岛是控制所罗门群岛及其周围海域的一把钥匙，是拉包尔海军基地的一道保护屏障。因其重要的地理位置，便成为日美两国争夺的焦点。

1942年4月1日，美国参谋长联席会议通过了“瞭望塔”作战计划，计划攻占所罗门群岛，继而夺取西南太平洋上的军事重镇拉包尔，最终夺取新不列颠岛、新爱尔兰岛和新几内亚地区。这个计划由美国舰队总司令恩斯特·金恩海军上将构思，责成太平洋联合舰队司令切斯特·尼米兹上将制定的。因日军占领了该岛并修建了机场，直接威胁到美澳交通线的新赫布里底和新喀里多尼亚，于是他们决定夺取瓜岛和图拉吉。为实施作战，远征部队现场指挥官是美国海军中将弗兰克·弗莱彻，两栖部队指挥官是美国海军少将里士满·特纳，美国第1海军陆战师师长范德格里夫特少将被任命为登陆部队的指挥官。1942年8月7日，范德格里夫特率领16000名美国海军陆战队士兵登陆瓜岛，并将日军即将竣工的机场据为己有，重新命名为“亨德森”机场。8日，占领了瓜岛北面的图拉吉岛。这是太平洋战争发动以来第一次两栖登陆的成功战役。

1942年8月7日，美军在瓜达尔卡纳尔岛登陆

远在柱岛泊地的联合舰队司令长官山本五十六得知后，怒火中烧。本来中途岛海战已让他颜面扫尽，这一次再失瓜岛、图拉吉两岛，联合舰队必须有所行动了。天生爱赌博的他，又将赌注放在了所罗门海域，希望能在这场战役中挽回颜面，再获佳绩。他决心孤注一掷，倾其所有，在瓜岛与美军决一雌雄。于是，他命令驻扎在拉包尔的海军中将三川军一立即出兵，夺回两岛，洗雪耻辱。

三川接到命令后，出动8艘战舰，与驻拉包尔的第11航空战队同时出击夺取瓜岛。幸运的是，三川夜袭瓜岛，在萨沃岛海战中大获全胜，奇袭获得成功。日军共击沉美军巡洋舰4艘，重创巡洋舰1艘，驱逐舰1艘，击毙、击伤美军1700余人。而日军只损失1艘战舰，死伤111人。但是，三川舰队担心次日受到美军航空母舰的攻击，没有乘胜追击美军运输船队，便返航撤出战斗。日美间的第一次所罗门海战以日本海军的获胜而结束，日军暂时掌握了瓜岛海区的制海权。但是，美军仍然控制着瓜岛机场。

山本得知后，没有任何的喜悦之情。他认为三川虽然获得了胜利，但这个胜利是不彻底的。三川和南云在珍珠港战役中所犯的错误一样，就是优柔寡断，没有乘胜追击，彻底摧毁美军运输船队，这不彻底的胜利会给美军翻盘的机会。如果当年南云在珍珠港战役中再发动第三波次的进攻，彻底摧毁美军的军事设施，或者在返航途中占领中途岛，那么，战争局面将会完全不同。想到这些，山本内心隐隐作痛。

东条英机命令，日本陆军在海军配合下尽快夺取瓜岛。日军陆军第17军军长百武晴吉中将接到命令后，准备趁美军在瓜岛立足未稳之时，夺取瓜岛。但是，他把 16000 名美军错估为 2000 人，于是命令一木大佐率领不足 1000 人的一木支队去攻占瓜岛。结果全军覆没，日本朝野上下极为震惊。

山本已经意识到事态发展的严重性，美军已经进入到战略反攻阶段了。为夺取瓜岛，他下令联合舰队第 2 和第 3 舰队大部分主力和驻泊在提尼安岛的第 11 航空战队司令部前往拉包尔岛，以加强那里的防御力量。为指挥方便，他决心将联合舰队司令部也移驻到特鲁克岛去。

这样，联合舰队开始南下。8 月 11 日，近藤中将指挥的第 2 舰队驶离本土。8 月 16 日，南云中将指挥的第 3 舰队向南进发。8 月 17 日，山本的“大和”号旗舰在驱逐舰“春日丸”号的护卫下驶离柱岛。

山本站在舰桥上，望着茫茫大海上远去的日本岛，一丝离别的乡愁涌上心头。他忽然想念起家乡来，想念故去的父母，想念家中的妻儿，当然，更想念他的情人河合千代子。想着亲人们那可亲的面容，他忽然有种要哭的冲动。他真盼望着能早日战胜，返回家乡享受着天伦之乐。可战争还需要打多久？还能战胜回来吗？他现在心里已经没有把握了。果然，山本这次离开日本本土，就再也没有回来。

山本制定了攻取瓜岛机场的“KA”计划。

他将日本联合舰队分成 3 个部分。第一部分是海军中将近藤指挥的瓜岛志愿队，由第 2 舰队和第 3 舰队组成，包括航母“翔鹤”号、“瑞鹤”号 2 艘，战列舰“陆奥”号、“比睿”号、“雾岛”号 3 艘，还有若干巡洋舰、驱逐舰等 40 余艘。第 2 部分是海军大将冢原二四三指挥的东南海区舰队，包括瓜岛增援运输船队、掩护舰队，第 11 航空战队的 100 多架岸基航空兵部队。第 3 部分是小松中将指挥的 9 艘潜艇的远征舰队。

山本对夺取瓜岛机场有一套计划。他以老式航母“龙骧”号为诱饵，吸引美国舰队的注意，一旦上当的美机燃料耗尽返航时，南云舰队航空母舰上的舰载飞机全部出动，一举歼灭美国的航空母舰。然后乘胜进军瓜岛，占领瓜岛机场。

而此时，美军已经做好了应战的准备。金上将从珍珠港增调“大黄蜂”号航母，还带来战列舰“南达科他”号和“华盛顿”号以及巡洋舰、驱逐舰赶赴所罗门海域。同时，弗莱彻指挥的第 61 特混编队加强了瓜岛东南海域的防御力量。他亲自率领第 11 特混编队，由旗舰航母“萨拉托加”号、巡洋舰“明尼阿波利斯”号、“新奥尔良”号和 5 艘驱逐舰组成。金凯德少将率领第 16 特混编队，由航空母舰“企业”号、巡洋舰“波特兰”号、“阿特兰塔”号及 6 艘驱逐舰组成。还有海军少将诺伊斯指挥以“大黄蜂”号航母为主的第 18 特混编队。他们在瓜岛机场的 150 海里附近，布下天罗地网，等待着日军的进犯。

8 月 24 日 9 时，美国水上飞机发现了山本精心设置的诱饵“龙骧”号。这艘航母为日本早期建造，排水量仅为 8000 吨。根据山本命令，“龙骧”号负责对瓜岛机场的轰炸任务。13 时，从“龙骧”号起飞的 15 架战斗机和 6 架轰炸机，同从拉包尔起飞的日本轰炸机一起，联合轰炸了瓜岛机场。

佛莱彻闻讯后，立即采取了行动。38 架从“萨拉托加”号起飞的飞机于 15 时到达“龙骧”号上空，在“龙骧”号逆向行进、准备让飞机起飞之时，美军鱼雷轰炸机迅速投雷，命中目标，“龙骧”号被击沉。

按照山本的“KA”计划，南云于 15 时 7 分派出 80 余架飞机对美军的航空母舰“企业”号进行攻击。但是，由于美方的雷达装置先进性强，很快侦察到日军的飞机，使得弗莱彻预先做好了防卫准备。当日军机群来袭时，53 架 F4F 野猫式战斗机已经严阵以待，同时，攻击“龙骧”号返航的 SBD 无畏式俯冲轰炸机和 TBF 复仇者式鱼雷轰炸机也加入到战斗中，双方进行了一场殊死恶战。最后，美军“企业”号受到重伤，返回珍珠港修理。而日军却白白失去了一艘航母“龙骧”号，而没有达到摧毁美军航母的目的。

这批日军飞行员返回驻地后为了邀功，夸大了自己的战绩，没有将实情禀报。驻守拉包尔的三川中将误以为美军的 2 艘航母均被击毁，便命令日军的登陆运输队向瓜岛进发。结果自然是损兵折将，无功而返。

8 月 28 日，山本的“大和”舰到达特鲁克岛。他得知了“KA”计划夭折，非常沮丧。正如一位日军军官所言，“我军夺取瓜达尔卡纳尔岛的计划不可避免地半途而废了”。战局正在朝着有利于美军的方向发展。瓜岛争夺战变成旷日持久的消耗战了。

9 月 29 日，陆军第 17 军派遣指挥瓜岛作战的大本营参谋辻政信大佐，在南下途中，特意到特鲁克岛上拜见了山本五十六。

辻政信为日本陆军参谋，与石原莞尔、濑岛龙三并称为“昭和三参谋”。辻政信集大胆、狂妄、残暴于一身，是彻头彻尾的日本军国主义鼓吹者和实施者。他主张扩大卢沟桥事变，扩大中日战争。作为作战参谋，他起草的《满苏国境处理纲要》，公开鼓动前线部队向苏军挑衅，引发“诺门坎事件”。太平洋战争爆发后，辻政信一路参与了对菲律宾、马来亚、新加坡、缅甸、泰国等地的入侵作战。曾公开屠杀美菲军投降者，还制造“新加坡大屠杀”，屠杀在新加坡的华侨 10 余万人，是一个浑身上下沾满亚洲人民鲜血的十足恶魔。

虽然只为大佐的军衔，但他自信狂妄，越级向山本禀报战情，其实更多的是责备。他声称，瓜岛作战中日本海军配合不利，导致瓜岛战役失败，并要求山本派出海军舰只护送陆军的补给船队，同陆军合作夺回瓜岛。他告诉山本，因为后勤供应毫无保障，战斗在瓜岛上的官兵已经饿得骨瘦如柴了。山本耐心地听完他的要求，表示海军一定要保障陆军的补给，甚至可以让“大和”号开赴瓜岛，去掩护陆军夺回瓜岛的登陆作战。

辻政信后来回忆说，山本含着热泪，大义凛然，慷慨陈词，使他感动得热泪盈眶。他这样叙述道：

“如此大义凛然，对属下至诚关心的将军，在陆军中实为罕见。倘我成为海军参谋，能在这位元帅手下工作，死而无憾。”

这是否为实言不得而知。实际上，山本对于他这样一位小丑，非常反感和憎恶。他讨厌这种哗众取宠的做法，曾评价辻政信“让这种不知天高地厚、非常狂妄的人得逞怎么得了。”但是，表面上，山本还是给了他十足的面子，答应海军全力配合陆军作战，还留他共进晚餐，让他感慨于“大和”舰上的奢华。辻政信将“大和”号称为“大和宾馆”。

确实，“大和”号舰上官兵们的生活与瓜岛上的日军比起来，简直是天堂与地狱之差别。像辻政信用餐的生鲫鱼片、咸烤鲫鱼片、冰镇啤酒等都是海军官兵的家常便饭。当“大和”号转战到拉包尔前线时，也没有忘记带西餐用的盘子、刀子和叉子等。“大和”号战舰上根本没有缺少粮食和食品的困扰。相反在瓜岛上，士兵们已经许多天没有粮食吃了，而且热带传染病蔓延，许多士兵们接连倒下。

正如辻政信所言，日美之间正在进行的瓜岛争夺战，是一场补给和阻挠补给的战争。由于瓜岛上的日军数量少，日军开始用高速驱逐舰把更多的部队运送到瓜岛，美国人将其称为“东京快车”，日本人则自称为“蚂蚁运输”“老鼠运输”。但是，大多数的重型装备和补给品如重型火炮、车辆和许多食品、弹药，并不能随同部队一起运达。所以，日本士兵们急切地等待着补给。山本虽然承诺要派“大和”号前去，但那只是敷衍话语，实际上，“大和”号作为日本海军的象征，不到万不得已，是不能出征的。或许，山本还不能体会出瓜岛日本士兵们的艰辛，还在特鲁克岛上过着清闲的生活，偶尔还写写诗、题题字。所以，瓜岛与特鲁克岛的生活形成了鲜明的对比，一方是硝烟弥漫的紧张战斗，一方则是平静的生活。

从 1942 年 8 月到 11 月，日军多次尝试从美军海军陆战队手上夺回亨德森机场。他们先后进行了一系列海战和空战，主要有 3 场陆上战役、5 场大海战以及每天不断的空中战斗。在战争中，美军使用了先进的、效能极高的雷达装置，这是日军最为困扰的。美军能精确地监测到日军飞机的位置，而日军往往是等美军的飞机降临才采取行动，但为时已晚，错过了最佳的作战时间。而且，使用这种雷达能确定射击方位，即使在夜间也能命中目标。远在特鲁克岛的山本，每每想到这些，便不寒而栗。这时，白发悄然而至，不觉间已爬上他的头顶，他明显感觉自己苍老了许多。

一架被击中的日本轰炸机，拖着长长的黑烟，向太平洋中坠去

还有一个令山本痛心的是，在战争中损失了大量的技术精湛的飞行员。这些训练有素的飞行员，是日本海军精锐的航空力量。山本任霞浦飞行队副队长时就对他们严格训练，许多人参加过实战，经验丰富，是难得的航空人才。在开战之初，日本的 1 架零式战斗机可以抵挡美国的 5 架甚至 10 架战斗机，发挥出较强的威力。而中途岛作战时，随着美国方面对零式战斗机的解密，找到了有效破解的战术，零式战斗机的优势已经不存在了，许多日本飞行员陆续在作战中丧生，而又得不到相应的补充。这样，美日双方的力量对比日渐明显。陆军第 8 方面军司令今村均中将在赴拉包尔就任途中特意到特鲁克岛拜见了山本，提到过此事。山本为失去的这些飞行员深感痛心，更为日本海军航空事业的未来深感忧虑。

对自己的家乡长冈，山本有着很深的感情，对长冈人更是分外照顾。在瓜岛战场上奋战的新发田步兵第16联队，大部分官兵来自长冈，而此时，他们已经陷于全军覆灭的绝境。山本得知后，心情低落到冰点。他给同乡好友反町荣一写信道："……每逢想起家乡父老的那么多子弟在瓜岛上的苦难，实在痛不可言，深感有愧于诸位父老兄弟。"

实际上，在日美争夺瓜岛的半年时间内，由于补给成了问题，瓜岛成了名副其实的"饥饿岛"。因为没有粮食，士兵们只能以树皮和野草充饥，身上的皮带、皮鞋都吃光了，甚至生吞活剥地吃下蛤蟆、蜥蜴之类等活物。岛上热带疾病蔓延，身体虚弱的人很容易染上疟疾和痢疾，伤病员成批成批地倒下。

一名瓜岛的生还者在战地日记中这样描写当时的悲惨情景：

11月23日：死去的战友与日俱增，他们永远告别人世，饿死的士兵都在夜晚上天堂了。难道是神秘的黑夜吞噬了生灵？

11月26日：一大清早，敌人又发动攻势……

下午，大家一边晒太阳，一边抓跳蚤。最近，山上的四脚蛇明显减少……在这里，它是唯一的佳肴。

在断绝食物的情况下，士兵用野菜树根充饥。那些生病的士兵和作战负伤的伤员，没有药品和救助条件，这种情况下，他们的生活境况可想而知。一个士兵这样记述道：

能站立的人…… 寿命最多30天

能坐起来的人…… 最多能活 3 周

躺着不能坐的人…… 1 周

躺着喘气的人…… 3 天

不能说话的人…… 2 天

只能呼吸、不能睁眼的人…… 明天

我们此刻，在生前一息尚存的时候才梦醒，是谁把我们这么多人推进坟墓和地狱。但为时晚矣！

将他们推进坟墓和地狱的不是别人，正是那些鼓吹战争、挑起战争、扩大战争的日本军国主义狂热分子，不仅给被侵略国家的人民带来了深重的灾难，也令本民族的士兵饱受了战争的摧残。那些在瓜岛上的日本陆军士兵，经受了半年多没有食物的悲惨生活，已经骨瘦如柴。他们连指甲、胡须、头发都停止了生长，关节和肛门明显突出，让人惨不忍睹。

在特鲁克岛上的山本虽然并不知晓瓜岛上日本陆军的悲惨，但对那些为日本战争做出贡献的日本士兵是心存敬佩的。尤其战争失利的消息传来，对那些在战争中死亡的将士，更是有一种说不出的感受。1943 年 1 月 28 日，山本在给好友堀悌吉的信中写道：

“开战以来，阵亡将士已近 15000 人，实在令人悲伤、慨叹。痛定思痛，我写下这样两句诗文，以抒郁怀：兵戈声声一年去，阵亡将士若云消。”

美日双方已经展开了旷日持久的拉锯战，山本预计到美国不可能就此息鼓收兵。现在的结果，正如他当初所预料的一样，与美国的长时期交战绝非日本国力所能承受的。他虽然当初再三进言，反对与美国交战，但那些视希望为归宿的乐观者们，执意不从。既然事已至此，日军也只能针锋相对，破釜沉舟，背水一战了。有着赌徒性格的山本，对战争的态度是“要么全赢，要么输个精光”，他决定破釜沉舟，与美军决一死战。

但是，幸运之神没能再次眷顾战争的挑起方，日军在瓜岛争夺战中接连失败。1942 年 11 月上旬决定性之瓜达尔卡纳尔海战，日军被击败。1942 年 12 月 31 日，日本御前会议决定，日本瓜岛战役失败，停止进攻，全线撤退。1943 年 2 月 1 日到 2 月 7 日，瓜岛海域的日军官兵分 3 批撤退，离开所罗门海域。

得知撤退的命令时，山本为联合舰队捏了一把汗。如果撤退不当，一大半的驱逐舰有可能就报销了。但是令他欣慰的是，日军设在拉包尔岛布纳尔诺基地的第 1 联合通信队发了一份假的明码电报，骗过了瓜岛上的美军，掩护了日军的撤退。电报内容如下：

发现敌航空母舰 2 艘、战列舰 2 艘、驱逐舰 10 艘。南纬 X X，东经 X X，航向东南偏东。

日军的谍报队员巧妙地利用美军在紧急情况下，可以用明码电报进行通信联络的这一规定，冒充美军的卡塔丽娜巡逻机与瓜岛的美军基地进行联络。基地美军没有经过思考，就全部启动了基地上的轰炸机，准备对日军的航母进行轰炸。当他们意识到受骗时，日军的舰队已经撤离完毕了。山本在特鲁克岛特意接见了从瓜岛撤出的第 3 鱼雷战队和第 10 战队的司令官，对他们的成功撤退表示了赞赏。

日美的瓜岛争夺战，进行了大小 30 余次的海战，以美军的胜利而告终。美国及其盟国参战有 60000 余人，伤亡 5000 多人，而日军兵力 35000 人，伤亡有 24000 人。瓜岛争夺战使日本最终放弃了所罗门海域的制海权。

/ 踏上死亡之旅 /

1943年，山本任联合舰队司令长官已经3年零4个月了。在日本海军史上，山本是破例的一届，任期最长，有人戏称他为“已成了舰队的第一古董”。即将步入花甲之年的山本深感力不从心，已经想到了死的问题。

在特鲁克岛，井上成美、草鹿龙之介闲谈中询问山本战后想去做什么，山本这样回答：“像我这样的人，最终，不是被押上断头台，就是被流放到圣赫勒拿岛上去，还能干什么。”

圣赫勒拿岛是英属小岛，位于大西洋南部，荒无人烟，法国的拿破仑一世于1815年被放逐到该岛，6年后就病死那里。山本已经设想到了自己的结局。一个指挥战争、沾满了各国人民鲜血的刽子手，还能有什么更好的死法吗？

1942年9月，在中途岛、瓜岛战役中受挫的山本心情抑郁，见无数将士战死沙场，他感慨万分，已经预测到自己的死亡问题：

征战以来，有数万忠勇将士奋战沙场，抛头颅，洒热血，已成护国之神。悲哉！吾以何颜去觐见圣上？又何颜以告慰牺牲之战友和将士们的父老兄弟？虽身非铁石，但欲表忠心之坚，可铤而走险，冲入敌阵，以示日本男儿之满腔热血。吾虽不能如血气方刚之青年那样与敌决一死战，或肝脑涂地，暴尸荒野，或血染战舰，葬身大海，但随将士英灵而去之日，亦不远矣。

正如他 1942 年 10 月致内田信也信中所写到的：“以我众多的部下的性命去换取大量敌人伤亡之时，即是我恶贯满盈之日。”

但是，当山本想到情人河合千代子时，他马上又对生活重新燃起了热情。情人千代子已经在她的家乡神谷町，修好了一间有 6 个榻榻米大小的兼做防空洞的地下室，并特意设有专人看管。虽然她现在还是“梅野岛”的女主人，但是她打算近期就停止生意，辞退 5 名艺妓，带一名年龄较小的女佣人，到神谷町和山本去静度余年，享受晚年的幸福时光。想到这些，山本内心一阵温暖。所以，他还不能死，必须竭力挽回战局，待战争结束后才能颐养天年。

虽然瓜岛之战接连失利，但一生嗜赌的山本不想就此放弃，他还想再赌一次，力图扳回不利的局面。1943 年 2 月，山本在写给退役的海军少将城户忠彦的信中这样写道：

在阳间和阴曹，我各有一半的知己和可爱的部下，倘若我到那个世界去，也一定会受到欢迎。但是，我现在还不想离开尘世，还要再干一段时间。心已二至，但身躯却只有一个。

山本又有了新的想法。1943 年 2 月，他的旗舰从“大和”号转移到“武藏”号，决定要将联合舰队司令部从特鲁克岛转移到前线拉包尔去。其实，山本认为，将指挥部一步一步地往前线移，让敌人牵着鼻子走，并不是一件好事。无奈战局已向不利于己方的方向发展，他不得不做好新的应战计划。于是，他制定了“伊号作战”方案。

“伊号作战”是山本的最后一搏。他准备出动 300 多架飞机彻底打击所罗门至新几内亚一带的敌舰和航空基地。这 300 架飞机包括第 3 舰队的舰载飞机，以及第 11 航空战队的岸基飞机。他们配备有直接掩护战斗机的攻击队攻击陆上基地和舰船，对于前来迎击的敌机由战斗制空队来捕捉歼灭。最后将攻击时间定为 4 月 5 日。

山本决定亲自去前线指挥这次作战。4 月 3 日早晨，山本率领宇垣参谋长，黑岛、渡边、室井等参谋，以及联合舰队的密码长、气象长、军医长、会计长分乘 2 架水上飞机于当日下午 1 时 40 分到达拉包尔。拉包尔方面舰队司令草鹿任一中将，第 3 舰队司令小泽治三郎中将、第 8 舰队司令三川军一中将在机场等候。陆军方面的司令今村均中将也赶来拜见山本。

到达拉包尔的第二天，正好是山本的 59 岁生日。当天狂风大作，雷雨交加。山本望着这鬼天气，心中有一种不祥的预感。难道自己气数已尽吗？难道上天都不容他好好过一个生日吗？在这种天气下，是无法实施作战计划的。无奈，山本推迟了作战日期，改为 4 月 7 日。

4 月 7 日晨，在拉包尔机场，山本赶来为即将出征的飞行员们送行。他深情地望着这200多名飞行员，目送他们飞向东南的瓜岛。飞行员们升空后朝下张望时，仍然见到山本长官在原地朝着他们挥手示意的身影，顿时一股暖流涌入心头。他们决心不能辜负山本的期望，如期完成任务，以捷报相传。

这200多架飞机包括67架舰载轰炸机、157架零式战斗机，任务是轰炸瓜岛和图拉吉港内的舰船。由于美军装有雷达，所以当日军飞机来袭时，瓜岛上的飞机已经做好准备，升空迎敌了。双方展开了3个小时的激战，日军伤亡很大，共损失了12架舰载轰炸机和9架零式战斗机。美军只损失了1艘驱逐舰、1艘油船和1艘护卫舰。

可能是怕让山本司令对战果感到失望，抑或其他原因，日本飞行员返航后夸大了战果，向山本汇报说美军大约只有10架飞机升空拦截，日军的飞机对图拉吉港内的26艘军舰进行了成功轰炸，大部分都命中目标，美军的损失很大。山本信以为真，认为自己的“伊号作战”已经初步取得成效，之后将目标转移到新几内亚方向。在接下来的4天里，山本命令轰炸奥罗湾、莫尔兹比港和米尔恩湾。飞行员们如法炮制，继续向山本汇报了他们的“辉煌战绩”：炸沉了1艘巡洋舰、2艘驱逐舰、25艘运输船、击落了200架飞机。实际上美军只损失了1艘驱逐舰、1艘护卫舰、1艘油船、2艘运输船以及25架飞机。

山本受到了这些“辉煌战绩”的感召，4月13日，在“伊号作战”的尾声阶段，准备到靠近瓜岛的肖特兰岛上的各基地去视察，以鼓舞士兵们的士气。

山本此计划立即遭到了属下的反对。第3舰队的小泽治三郎对黑岛参谋说，如果非去不可的话，只有6架战斗机护航是无济于事的，必须多加派护航飞机才可。陆军今村均中将以自己2个月前的实例警示山本，不能贸然前往。2个月前的今村在去布因慰问官兵，在空中遇到了30多架美军飞机。好在飞行员经验丰富，钻进了厚厚的云层，躲开了美机，才死里逃生。今村的实例也没有影响山本的决定，他固执的性格，绝不会因为属下的反对而改变的。基于对山本性格的了解，这些人自知再劝也无济于事，只好作罢。

4月13日傍晚，山本命副官渡边给前线的航空战队和守备部队用无线电拍了电报。电报内容是：

“GF长官将于4月18日前往视察拉包尔岛、肖特兰岛和布因基地。具体日程安排是：

6时，乘坐中型轰炸机（由6架战斗机护航）从拉包尔出发，8时到达巴拉尔；然后，转乘猎潜艇，于8时40分抵达肖特兰……14时，再乘中型轰炸机离开布因，15时40分返回拉包尔……如遇天气不佳，本视察日程往后顺延一天。”

驻守在肖特兰的第11航空战队司令官城岛高次少将接到了电报后，深感疑惑。他对部下说，在险象环生的前线，把长官的行踪用如此长的电文详尽拍发出来，是愚蠢透顶的事。所以，他在山本出发的前一天，特意赶到了拉包尔，认为此行凶多吉少，直接劝山本取消行程。山本反而劝他不必忧虑，4月初刚刚启用了极难破译的5位密码，美国人不可能破译。“等我明晚视察回来，一起用餐，庆祝我凯旋吧。”

这样，4月18日，山本如期到前线视察。为了不引人注意，他特意穿着绿色的陆军制服，戴着白色手套，在联合舰队参谋长宇垣等 8 人的陪同下上了飞机。他哪里知道，他踏上了一条不归路，开始了他的死亡之旅。

早在 4 月 14 日，美国太平洋舰队的情报处就截获并破译了这封密电。虽然日军新启用了 5 位密码，但美军情报处几个小时就成功破译出来。尼米兹得此消息后兴奋不已。山本在日本政界和军界是仅次于天皇和东条英机的第 3 号人物，是日本海军中出类拔萃的军官，是联合舰队的最核心人物。如果将山本干掉，会给日本联合舰队最致命的一击，日本的军心和民心会因此受到极大的打击，同时美国人民会报了珍珠港之仇。但尼米兹不敢擅自决定，立即请示罗斯福。

罗斯福看过报告后，大喜，但马上陷入了沉思中。因为国际上有个不成文的规定，战争中不得暗杀对方的元首和统帅，否则会遭到国际舆论的谴责。海军作战部长金上将见到罗斯福犹豫，给了他这样一个建议：山本要去的地方是前线，在作战区域内，一名海军大将和一名普通士兵一样，都是合法的射击目标。况且山本不宣而战，偷袭珍珠港在前，早已经失去了国际法的保护，即便他活到战争结束，也要接受军事法庭的审判的。随即，罗斯福责令海军部长诺克斯征询随军主教，截杀敌方统帅是否道德的问题，在获得同意后，转告于罗斯福。罗斯福下定决心截杀山本，并取名为“复仇行动”。

尼米兹将命令下达给哈尔西。哈尔西接到命令后，立即将其传达给所罗门群岛航空部队司令马克·米切尔海军少将，要求其出动性能超过日本零式战斗机的 P-38 战斗机将其击毙。米切尔深感责任重大，立即召集第 339 战斗机中队中队长约翰·米歇尔少校和小队长托马斯·兰菲尔中尉等高级军官讨论和制定战斗计划。研究结果是，在山本所乘的飞机飞行到布干维尔岛附近时，米歇尔将率领战斗机队将其击毙。此计划得了尼米兹的肯定。

4 月 18 日晨，米歇尔选择了 18 人执行任务。兰菲尔等 6 人为攻击组，从低空击落山本；米歇尔等 12 人为掩护组，在高空牵制日军的护航战斗机，掩护攻击组。由于攻击组有一架飞机出现故障，米歇尔指示掩护组一架飞机加入到攻击组。他们保持无线电静默，只使用罗盘和空速表导航，采用低空飞行之方式，以避开日军的搜寻，确保万无一失。

与此同时，山本一行已经踏上了征程。山本和参谋长宇垣分别乘坐 2 架三菱一式双发陆基轰炸机，由 6 架零式战斗机护航，以三三制阵型编为两队。其中，山本与高田六郎军医长、航空参谋樋端久利雄和副官福崎升 4 人乘坐 1 号机，宇垣参谋长、北村会计长、友野气象长、通信参谋今中薰和航空参谋室井舍治 4 人乘坐 2 号飞机。1 号机机长主驾驶员是飞行兵曹长谷力，是一位经验丰富的优秀飞行员。起飞后，山本座机以 2000 米高度，离开拉包尔，飞抵布干维尔岛西海岸。

一个半小时的飞行中，山本迷迷糊糊地睡着了。醒来后，他从机舱内向外看，可以清晰地看到布干维尔岛上茂密的丛林，“马上要到目的地了！”他心情舒畅了许多。这时，他发现前面有一架护卫战斗机偏离了航向，突然加速往前飞去，不断摆动着机翅，座机内的飞行员抬起手指着一个方向。山本座机内的人员顿时紧张起来，顺着那飞行员指的方向看去，天啊，在机队的右下方约 500 米的高空中，出现了十几架美军的 P–38 战斗机，正向他们飞来。

遇到了美机！最恐怖的事情发生了！山本等人屏住了呼吸，这时，他无能为力，只能听天由命了。

美机有序地分成了两队与日军摆开了阵势。其中一队急速升高，另一队向日本机队的前方迂回过来。为保护山本的安全，日军的6架零式战斗机见状，急速上升，与美机缠斗起来。为避开敌机，山本乘坐的1号机的飞行员急速下降，往左转飞往布因基地。但是，1号机被美军P-38战斗机从后面射中了，顿时浓烟滚滚地向密林深处坠去。

坐在2号机的参谋长看到了这可怕的一幕，顿时惊讶得不知如何是好。此时，美机马上将目标对准了2号机。2号机中弹，坠入海中，除了重伤的宇垣、北村和飞行员三人获救，其余机上人员全部毙命。

4月18日中午，拉包尔驻地获悉山本遭到不测的消息后，向东京方面发出了电报。作战参谋渡边安次因天气原因，没能在当日乘机赶往现场。第二天才飞抵布因，探望了负伤的宇垣参谋长。宇垣处于高烧中，将山本座机被击落的地点“莫伊拉角”说成了“卡莫角”，致使搜寻工作2天无功而返。于是，渡边重新制定了搜寻计划，从扫雷艇上派出60名士兵，组成搜寻队伍。但是，经过一天的搜寻，还是没有任何收获。最后找到山本尸体的是陆军第17军司令部第9019部队的炮兵中队第一小队队长浜砂盈荣。

浜砂盈荣接到“搜寻海军要人”的任务后，经过2天的寻找，终于发现了一架摔毁的一式陆基轰炸机的尾翼和破乱不堪的主翼和螺旋桨。驾驶舱的前身部分，已经烧成灰烬。在机体周围，是惨不忍睹的几具尸体。

在阿川弘之的《山本五十六》中，这样描述当时的场景：

有一个人坐在那里。他身上穿着草绿色军服，胸前佩戴着绶带；手上戴着白色手套；左手紧握军刀，右手搭在上面，像是在轻轻地抚摸着；腰间系着机内座席上的安全带，像是悠闲自得地坐在林中养神一样，只是头部略向前倾，低垂着。看上去，像是一位将军。他们走近前去一看，已经死去。被甩出机外的数具遗体中，依然保持着原来在机内座席上姿势的，只有这位将军一个人。

这位将军左手上的白手套的食指和中指，是用细线精细地缝合在一起的。他的肩上依然佩戴着象征军阶的肩章，上面嵌有三颗金质樱花。他显然是一位大将，是左手只有三个指头的海军大将。

浜砂盈荣以前看到过对山本的报道，知道他在日俄战争中负伤失去两个手指头的经历，所以脑海中马上闪现出山本的身影，他估计此人就是联合舰队司令山本五十六。

在山本的旁边是一具穿着白色服装的军医长高田六郎上将的遗体，在其右前方，是航空参谋樋端久利雄中佐的遗体，还有几具被烧得很厉害的遗体。

山本的遗体于当天傍晚送到了布因，有 4 名军医参加了检验。检验报告这样写道：

遗体检验报告

一.姓名　山本五十六

二.出生年月日

三.军阶 海军大将

四.死亡原因（战死、伤死、病死、自杀、中毒等）战死

五.伤、病名：一颗机枪子弹入左下颌出右眼外下眼角；另一颗机枪子弹

进入背部，留在体内。

六.发病年月日 1943 年 4 月 18 日

七.死亡年月日 1943 年 4 月 18 日上午 7 时 40 分

八.死亡地点 所罗门群岛

以上属实，特此证明

海军少佐军医 田渊义三郎（印）

1943 年 4 月 20 日

遗体检验记录

联合舰队司令长官海军大将

山本五十六

该长官 1943 年 4 月 18 日上午 7 时 40 分许，乘飞机飞至所罗门群岛上空，不幸遭敌机截击，当即中弹身亡，随座机坠入海岸密林深处。同月 20 日午后 4 时，遗骸被运出密林，由第 15 号扫雷艇送往第 1 基地部队。在艇上，该基地司令官海军少将板垣盛、联合舰队参谋海军中佐渡边安次、东南方面舰队军医长海军军医大佐保信和第 8 舰队军医长海军军医大佐内野博对遗体进行了检验。所见如下：

遗体身着第三种军装（草绿色）；左裤腿的膝盖部、大腿部及上衣背部各划有一处 L 型裂口；上衣左襟下部有两处拇指压痕大小的烧痕；右足上的航空靴前部有一破洞，该足同处有伤；所戴的白手套上留有血痕；衬衣左半部分已被鲜血染红；遗体有轻度肿胀，可见死斑，面部已出现腐败现象。遗体上有如下伤痕：

1.左肩胛骨的中央部，有一个食指肚儿大小的子弹射入孔。子弹的走向是右前上方；

2.左下颌角有一个小手指肚儿大小的子弹射入孔，出口在右眼外下眼角，像拇指压痕一样大小。

如上所述，面部有机枪子弹穿透的伤痕；背部有机枪子弹射入，但并无出口。显然系因损伤主要内脏器官而致命。死后约有60个小时方行验尸。

第1基地部队军医长

海军军医少佐 田渊义三郎

1943年4月20日

这是日本正式公布的官方文件。

山本战死的消息，日本官方是实行封锁的，对拉包尔部队也是保密的。渡边为山本等11具尸体实施了火化，精心收取了山本的骨灰，并将遇难者的骨灰护送到拉包尔。4月23日，山本的骨灰由专人乘水上飞机从拉包尔送往停泊在特鲁克的联合舰队的旗舰——“武藏”号，被安放在他的办公室内。连日来，他为此奔波，已经筋疲力尽，待料理完这些事务后，渡边一病就是半个月。而宇垣参谋长也为山本之死深感内疚，以至于渡边认为他随时可能因此而自杀。

几家欢喜几家愁。在日本军界为山本之死不知所措、忙成一团时，而另一方的美国，则是皆大欢喜。

担任攻击任务的兰菲尔兴奋地在返航途中向瓜岛方面汇报了击落山本座

机的消息。米切尔待他们归来后，立即向哈尔西报告：

“米歇尔率领的 P-38 机群于 9 时 30 分到达卡西利上空，击落由零式严密掩护的 2 架攻击机和 3 架零式战斗机，1 架 P-38 没有返航。4 月 18 日似乎是我们的节日！”

所谓 4 月 18 日是我们的节日，指的是 1942 年 4 月 18 日，杜立德率领的 B-25 轰炸机轰炸了东京，一年后的 4 月 18 日，日本联合舰队司令被美军击毙于布干维尔上空。这确实是一种巧合，4 月 18 日成了美军的节日、日本的倒霉之日。兰菲尔因击毙山本获得了美国最高荣誉的勋章，提前晋升为上尉。

相关链接：

美军对付日本零式战斗机的 P-38 式战斗机

P-38 式战斗机是“二战”时期由美国传奇人物凯利·约翰逊主持设计，美国洛克·希德公司生产的一款双引擎战斗机。它拥有许多令日军闻风丧胆的优良特性，高速度、重装甲、火力强大，被广泛应用于太平洋战场。可执行多种任务，包括远程的拦截、制空及护航战斗、侦察、对地攻击、俯冲轰炸、水平轰炸等。它成为美国陆航从 1943 年中期迄至 1945 年太平洋战争结束的主力战机。因此在太平洋战场上被应用的最广泛也最为成功。

太平洋战争初期，日本零式战斗机所向披靡，无人能敌，当时盟军飞行员驾机起飞迎击零式时，是抱着必死的决心去的。指挥官在命令 F-4F 和 F-2A 起飞迎战零式战斗机时都已经将飞行员的名字勾掉了。因此，美军的 P-38 战斗机在研制时，总结和汲取了实战中的经验与教训，使其性能有很大改进。其优良的性能有：

1.双发动机性能好，安全性高。本机设计了 V1710-11 型液冷发动机，同时还采用了一台通用电气的涡轮增压器来使发动机产生更强劲的动力。它在 6100 米的高空中最大时速 664 公里，实用升限 11600 米，最大时速时续航 1 小时以上。在战争初期，它是唯一可能遏制零式战斗机优势的机种。

2.异常坚固。它的易损面积由于支撑型的设计而坚固并且多有重叠。这使得炮弹击穿它的油箱并引起燃烧的可能性大大降低，而它的自封式主油箱是和发动机分离装在中间短舱内的，这又加大了它的生存力。日军飞行员对其坚固无可奈何，称子弹都不起作用。

3.惊人的战损修复力。P-38 的额外设计结构重量很大，可以快速拆卸损坏的零件，必要时可以补充其他飞机。由于 P-38 的高速、重火力和长程续航力，尤其是双发动机所带来的安全性，使许多飞行员在飞机受损后，不像其他单引擎飞机必须迫降，而可以飞回基地维修再战。

4.多种性能、战斗力强。P-38 的两部发动机分别装设在机身两侧并联结至双尾桁，驾驶座与武器系统则设置在中央的短机身里。这款飞机可以执行各种任务，如果将副油箱挂载到机翼下，它便会成为远程护航战斗机。它执行的任务还包括了俯冲轰炸、水平轰炸、对地攻击和侦察。它可以从一种优良的截击机转为在战争中所必需的攻击型战斗机，得以在修改气动外形减少尾颤的同时进一步增加战斗力。武器装备安置在中央短舱内，射击时不会受到射击协调器的影响，火力很强。

5.攻击力强。尽管 P−38 的运动性和滚转率并不如零式战斗机和其他许多日本战机，但它机头的密集火力对于防护能力较弱的日本战机来说深具毁灭性。而且，庞大笨重的机体的惯性也好，俯冲速度大，因而对飞机的攻击力也很强。

因其优越的性能， P−38 让在南太平洋作战的日军飞行员们非常惧怕，称其为“双身恶魔”。P−38 也成为击落日本战机最多的美国陆航战斗机。最著名的战绩就是 1943 年在布干维尔岛上空击落山本五十六的座机，使其毙命。

初期参战实录：

1.1942 年 8 月，在冰岛防御战中，一架从冰岛起飞的美军 P−38 击落了一架德军福克 − 沃尔夫的“信使”式轰炸机。

2.1942 年 11 月，P−38 第一次进驻北非，与法国伪空军及意大利空军展开较量，成功地击中地面目标并拦截了敌空袭编队。

3.1943 年 4 月 18 日，在布干维尔岛上空，P−38 战斗机成功击落了日本联合舰队司令山本的座机。

但是，P−38 也有如下缺点：

1.短小的机舱没有足够的暖气致使机内非常寒冷。在长距离护航中常有驾驶员冻伤和疲劳失去意识的例子。涡轮增压器喷出的尾凝经常暴露它的位置。

2.外形特别，但这也提醒了敌人在 P−38 发现它们前就做好战斗准备。

3.机动性不好，在接近音速的俯冲中，空气压缩使得拉起失去控制。另外欧洲的天气经常使得它的汽化器和涡轮增压器出故障。

4.发动机的致命问题。只有10%的飞机能在一台发动机受损后返回。是因为一台发动机爆燃后会令整架飞机的冷却子系统出故障进而引起全机过热造成的，而P–38单发失火后爆炸的很快，这意味着那九成的飞行员损失。

／ 国葬厚待 ／

日本官方得知山本死讯后，严密地封锁消息。委任横须贺镇守府司令长官古贺峰一接替山本出任日本联合舰队司令长官之职。为保密起见，他是以去南方视察为名到联合舰队就任的。此外，还必须派人将山本的骨灰秘密运送回国，实施国葬。

山本五十六的继任者，日本联合舰队司令长官古贺峰一

5月17日上午10时，“武藏”号载着山本和其他遇难人员的骨灰及遗物离开了特鲁克岛，驶往东京湾。最初，舰上的绝大部分人员还不知道山本的死耗，但对船上的种种迹象产生了怀疑。司令长官室通道不知为何禁止通行，有人看到了白色的骨灰盒，还有人在房间周围闻到了烧香的气味，士兵们开始窃窃私语了。

在无法隐瞒的情况下，副舰长加藤宪吉大佐召集全舰官兵公布了山本等人遇难的事实。全体舰员不禁痛哭起来，他们为之奋战的精神动力许多源于“战神”的召唤。如今，他们心目中的“战神”不在了，他们一时难以接受。

这4天的航行，对于日本海军将士们来说，是一生中心情最为沉痛、最难以忘怀的4天。尊敬的山本长官就在船上，但是，他却化成了青灰，静静地安放在那里。大家都不说话，回想着他的音容笑貌，想到他和将士们下棋时顽皮的样子，他们泪水涟涟，于是把将棋棋盘祭祀在骨灰旁边，希望能陪伴他，让他的最后行程不再寂寞。

5月21日，“武藏”号抵达了东京湾。当天下午，日本大本营向国民公布了山本遇难的消息，追授山本大勋位、功一级、正三位、元帅称号，按国葬规格进行安葬。

5月23日，山本的骨灰从“武藏”号被移送到驱逐舰“夕云”号上，由“秋云”号驱逐舰护送到横须贺。在“武藏”号舰上，全体舰员举行了告别仪式，向山本的骨灰深深鞠躬。

骨灰由渡边安次捧着从船上走下来，山本的嗣子义正接过骨灰盒，在山本好友堀悌吉陪伴下前往横须贺火车站，乘火车前往东京。列车行驶中，许多闻讯的人在铁路两旁恭候多时。义正举起骨灰盒向他们致意。堀悌吉在一旁沉默不语，快到东京站时，平时稳重的他却一改常态，急忙从义正手中抢过骨灰盒，紧紧地抱在自己的怀中，生怕失去这位心爱的朋友。

下午 2 时 43 分，到达东京火车站。闻讯而来的 200 多人已经在车站等候。其中有奉皇命而来的武官、各宫室的代表，有东条英机、岛田、永野修身、近卫文麿等政府和军界要人，有山本的遗孀礼子及其家属，还有一些仰慕山本的各界群众代表等。义正捧着骨灰盒走下来，在大家的哭泣声中，将其安放到贵宾接待室内，前来的人员一一进行了参拜。之后，以海军省首席副官柳泽大佐乘坐的汽车为先导，护送山本骨灰的车队离开了车站，经过皇宫的樱田门，过海军省，到达芝区的水交社，骨灰就安置在侧馆中的祭坛上。

山本生前最好的朋友堀悌吉，出于朋友的情谊，而且受海军省的委托，认为自己有责任处理好山本死后的善后事宜，包括山本平日里关系亲密的那些女人们。

山本和千代子之间的交往和情谊，堀悌吉非常清楚。如何将山本的死讯告诉她呢？既担心千代子接受不了，又不能隐瞒她，堀悌吉陷入了两难的境地。犹豫了两天后，5 月 20 日，他硬着头皮，来到了千代子的家。千代子见他脸色发青，毫无表情，就预感到有不妙的事情发生。得知山本的死讯时，千代子当即昏死过去，好久才苏醒过来。

千代子无法想象没有山本的生活，多少年来，她已经把山本视为自己的丈夫，虽然没有名分。她一生中最幸福和快乐的时光就是和山本在一起的日子，山本就是她的精神支柱。然而，这个精神支柱突然不在了，她的天空也坍塌了。

她恳求堀悌吉，希望收藏山本的一部分骨灰。堀悌吉于是向海军省提出申请，但是没有获得批准。最后，山本的骨灰分成了两份，一份放到了墓地，一份放到了故乡长冈。还是在堀悌吉的帮助下，千代子才得以收藏了山本的遗发、坐垫、枕头、钱包等遗物作为纪念。她如获至宝，将其放到家中祭奠。5月24日，千代子参加了普通人的吊唁活动，迟迟不愿离去。她还无法接受山本离去的现实，似乎还在梦中一样，恍恍惚惚，不知亦真亦假。几天下来，她寝食难安，已经筋疲力尽。

堀悌吉、渡边安次等山本好友们平日里经常光顾千代子的酒馆，得到过她的热心关照，都对千代子印象很好。所以在山本死后，他们纷纷到神谷町吊慰千代子。除了私人关系外，堀悌吉还必须遵照海军省的指令，力图维护日本国家的利益，维护山本的尊严。因此，他把存放在千代子那里的天皇赐给山本的钟表拿走了，还带走了山本写给她的书信。后来，海军省经过检查后，又通过堀悌吉将其退还给千代子。

堀悌吉等山本好友们在山本死后，对千代子还是非常关照的。但是，日本政界的一些人却并非如此。据说，东条英机曾派一位中佐军官，几次到千代子家里，暗示她应该自杀。所以，千代子一直惶恐不安，几度要自杀，同时也害怕自己遭到暗杀，神情恍惚，精神几乎陷于崩溃状态。

对于山本的另一个情人鹤岛正子，堀悌吉也十分熟悉。作为佐世堡"东乡"酒馆的女老板，她无时无刻不在挂念着山本。虽然山本后来因对千代子的感情与日俱增，对她有所冷淡，但她仍然全身心地爱着山本。21日那天，她从大本营广播中听到了山本战死的噩耗，这个晴天霹雳让她简直不知该如何面对。23日，她踏上了去东京的列车，想方设法去祭奠山本，但是她毕竟只是一个情人，无法在正式场合出现。

堀悌吉知道，正子那里也保存着山本写给她的很多信件。他像对待千代子一样，希望正子将这些信件送到东京去，接受审查。但正子没有同意。她回到佐世堡后，小心翼翼地珍藏起那些信件，留作永久的纪念。可惜的是，2

年后，这些信全部毁于美国 B-29 飞机大轰炸中。

山本生前与那些新桥的艺妓们关系都很好，所以，为了维护山本的形象，堀悌吉必须处理好与她们之间的关系。堀悌吉将山本生前留存的崭新钞票分成了 16 个包，每包 100 日元，并在上面写着“山本代理：堀”字样，送给与山本生前要好的女人们。他这样告诉她们，这个可以看作山本留给她们的纪念，也是山本留给她们的堵嘴钱，希望言到嘴边要三思。堀悌吉其实是在告诫她们，不可在外面乱说话，不能毁坏山本的光辉形象。

堀悌吉在山本死后连日奔波，处理各种善后事宜，可谓用心良苦。

国葬前，山本的遗孀礼子和 4 个孩子轮流守候在水交社的灵前。以前，因为山本服役在外，4 个孩子没有机会和父亲整日相处，甚至对父亲的情况都一无所知。这 4 日，这 4 个孩子才得以整日守候在父亲身边，只是父亲已经不在了，只能望着父亲的遗像和骨灰回想着与父亲生活中的点点滴滴。遗孀礼子更是一种别样的心情，虽然自己的丈夫多年来很少回家，对她的关心并不多，她对此还心存不满，但是一旦他真的不在了，还真不知道如何接受。

山本的国葬仪式选择在 1943 年的 6 月 5 日，与 9 年前东乡平八郎大将的国葬仪式为同一天，政府当局特意将日本海军史上两位“战神”的国葬仪式安排在同一天，旨在以此唤起日本民众对他们的怀念。

国葬仪式非常隆重。米内光政为委员长，盐泽幸一为司祭长。陆军大将土肥原贤二为参加国葬仪式的全体官兵的总指挥。参加国葬仪式的有日本皇室所派的代表、日本政界的高级官员、山本家属和好友、对他崇敬的各方人员、普通民众等 1500 余人。而且，山本生前并不喜欢的人也都表示了哀悼。他曾强烈反对日本与德意结盟，但是意大利首相墨索里尼还派人送来玫瑰花束以示祭奠。日本总理大臣东条英机也前来吊唁。

上午8时50分，安放在水交社祭坛上的山本的灵柩，由“武藏”号舰上的士兵捧着送上了等候在门前的黑色灵车，灵柩上覆盖着白布。此时，内藤清五指挥的海军军乐队奏响了肖邦的“送葬”曲，伴着灵车缓缓前行。灵车经过神谷町千代子的家门口，过虎门，向内幸町的方向驶去，在海军大臣官邸前转弯，9点50分，到达殡仪场。沿途两侧，挤满了等候在那里的日本国民，怀着沉重的心情望着灵车前行，有的人还默默地流泪。

到达殡仪场后，渡边安次捧着山本的指挥刀，三和义勇捧着大勋位勋章走向祭坛。三和义勇在拉包尔患病还未痊愈，却执意要参加山本的葬礼，当他把勋章放在祭坛上，就“扑通”一声晕倒在地。

国葬仪式是在临时搭起的简易木棚中举行的，围上黑白相间的帷幕，显示出庄重、肃穆的气氛。国葬仪式正式开始后，首先到灵前吊唁的是天皇、皇后和皇太后所派的命臣，接着是各皇族的有关人士和他们所派来的代表。当山本的长子义正缓步走到灵前时，军乐队奏起海军仪礼曲《舍生》的前八段乐曲，同时鸣枪三响，以示哀悼。下午有几万名普通市民前来吊唁。

整个吊唁结束后，山本的骨灰盒被用车送往小金井的多模墓地，葬在东乡平八郎墓的旁边。

山本的姐姐、78岁高龄的嘉寿子，得知弟弟的死讯后，悲痛万分。因为相差的年龄较大，她膝下又无子，故把弟弟视为自己的孩子一样疼爱。为祭奠弟弟，她特意做了弟弟生前最喜欢吃的东西，如各种甜食、手工包的粽子和长冈的特色水包子，于国葬前4天来到了东京。国葬结束后，她带着礼子和两个孩子返回家乡长冈。她手捧着骨灰盒，喃喃自语，“小五十六，我们回家了。这回，姐姐再也不离开你了，始终守护在你的身旁。”

山本的另一半骨灰，被葬在家乡长冈长兴寺的禅寺内。

山本的墓葬入山本家族的墓地。山本的墓在3.6米见方的围墙围括中，和其养父山本带刀的墓在一起。因为带刀的墓修得简陋，山本的墓碑比起养父的规格还需要低，矮一寸，狭半寸，所用资金仅为当时的70日元。

国葬仪式后，鉴于山本的功绩，有人建议给山本修建“长冈山本神社”，但遭到了山本生前好友堀悌吉和米内光政的坚决反对。他们对山本最为了解，因为山本生前最欣赏井上成美的一句话：“作为一个军人，不论他的战功多么卓著，如果把他崇拜为神，也是毫无道理的。”他们知道，山本最讨厌别人把他当神一样供奉，如果那样，就违背了山本生前的初衷。由于他们的反对，此事只好作罢。

山本的死，使日本国民陷入了悲伤之中，并给他们的心理以沉重的打击，在悲痛之余，他们为战争的前途和未来感到忧虑和不安。如山本举行国葬的那天，太平洋石油公司的松元坚太郎，通宵未眠，哭了一整夜。

米内光政得知山本死讯，眼泪一下流了下来，他紧闭双眼，痛苦地对政友会的绫部健太郎说：“作为山本本人来说，也许他愿意这样死去，他或许感到满足了。然而，不论是日本还是海军，却失去了一个不该失去的栋梁。”

海军一些人士均认为，山本之死，无疑意味着日本的衰败。时任午鹤镇守府参谋长的高木惣吉得知山本的死讯，马上联想到日本联合舰队司令官的人选问题。因为配接这个职务的只有山口多闻和小泽治三郎，而山口在中途岛海战战死，而小泽治三郎又不可能受到重用，这样看来，日本前途暗淡。“日本完了！”他在内心感慨道。持这种观点的还有航空队的司令藤田元等。

事实确实如他们所预料的。山本死后，接替山本联合舰队司令官的古贺峰一就任不到一年，就在一次飞机失事中丧生，由丰田副武海军大将继任。日本海军接连在太平洋海战中失利。马里亚纳、塞班岛海战都遭到惨败，指挥偷袭珍珠港的南云中将在塞班岛战役战败后，下令全体自杀，战况惨烈。日本军队如惊弓之鸟，而美国、苏联和中国等反法西斯国家组成的同盟军势如破竹，所向披靡。1945 年 8 月 6 日和 8 日，美国在广岛和长崎投下两颗原子弹。8 月 8 日，苏联出兵 150 万向中国东北地区推进。中国军队也对日军发动了空前的大反攻。在四面楚歌声中，8 月 15 日，日本天皇下令投降。9 月 2 日，日本签订了无条件投降书。疯狂一时的日本军国主义终于被世界正义的力量所征服。

第二颗原子弹在长崎爆炸后，巨大的蘑菇云冲天而起

参加投降仪式的日本官员登上停泊在东京湾内的美国航母密苏里号

美国太平舰队总司令尼米兹上将在日本投降书上签字，其身后从左至右站的是陆军上将麦克阿瑟，海军上将威廉•哈尔西和海军上将弗雷斯特•谢尔曼

相关链接：

运送山本骨灰返回日本的“武藏”号战列舰

1943年5月17日，“武藏”号运载日本联合舰队司令山本五十六的骨灰从特鲁克岛返回日本。

日本“武藏”号战列舰，由日本三菱重工长崎船厂建造。于1938年3月29日开工，1940年11月1日下水，1942年8月5日竣工，1942年8月中旬启用。是日本海军于第二次世界大战中建成的“大和”级的2号战列舰，与“大和”号为姊妹舰。1943年2月11日，“武藏”号曾接替入坞修理的“大和”号成为日本联合舰队的旗舰。

“武藏”号建造过程中对司令部、舰桥等进行了改造，性能与“大和”号基本相同。标准排水量是64000吨，满载排水量是71695吨。全舰长263米，吃水10.4米。动力较强，装有12座锅炉，主机功率150000马力。航速最快27节，续航力7200海里/16节。武备有9门三联装460毫米/45倍口径主炮，三联装155毫米口径副炮4座，双联装127毫米口径高射炮6座，三联装25毫米口径高射炮8座。装甲是侧舷装甲带410毫米，炮塔正面650毫米，炮座560毫米，弹药舱顶板270毫米，上层甲板55毫米，主甲板200毫米，指挥塔495毫米。

运送山本骨灰回国后，“武藏”号返回太平洋战场。1944年，在马里亚纳海战中，被编入第一机动舰队掩护航母作战。10月的莱特湾海战中，“大和”号和“武藏”号同时遭遇美机的大规模空袭。“大和”号成功脱险，而

“武藏”号成为美机攻击的目标，被美军的 19 枚鱼雷和 17 颗航空炸弹直接击中。最终，连同舰上的 1021 名作战日军葬身于在北纬 13 度 7 分，东经 122 度 32 分的太平洋水域。山本生前极力反对耗巨资建造巨型战列舰的主张，终于在太平洋战场上得到了验证：战舰虽大，但海战中不堪一击，必然会被航空母舰所取代。

/ 参考书目 /

1.（日）信夫清三郎编，《日本外交史》，天津社会科学院日本问题研究所译，商务印书馆，1980年。

2.（日）阿川弘之：《山本五十六》，朱金、王凤芝译，解放军出版社，1987年。

3.（日）渊田美津雄、奥宫正武：《中途岛海战》，许秋明译，商务印书馆，1979年。

4.日本现代评论社编：《昭和宰相列传 米内》，孙雷门、申译福译，天津人民出版社，1985年。

5.日本海人社编著：《世界近代战列舰史》，青岛出版社，2010年。

6.（美）N.米勒：《海军空战1939-1945》，王义山译，海洋出版社，1982年。

7.（美）王书君：《太平洋海空战》，海洋出版社，1987年。

8.（俄）库罗帕特金：《俄国军队与对日战争》，（英）A.B.林赛泽译，商务印书馆，1980 年。

9.潘茂忠编著：《日俄战争在旅顺》，辽宁师范大学出版社，1997 年。

10.萧国亮：《世界经济史》，北京大学出版社，2007 年。

11.滕建群等编著：《世界著名大海战》，青岛出版社，1997 年。

12.赵振愚：《太平洋战争海战史（1941-1945）》，海潮出版社，1997 年。

13.（日）加藤正秀：《日本帝国的“海军之花”山本五十六》，北京联合出版公司，2014 年。

14.立平、其明：《第二次世界大战山本五十六亲历记》，国防大学出版社，1995 年。

15.接培柱：《战争赌徒——山本五十六》，世界知识出版社，1994 年。

16.明华峰：《山本五十六》，哈尔滨出版社，2012 年。

17.杜川云：《山本五十六豪赌太平洋》，同心出版社，2013 年。

18.刘怡编著：《二战日本海军、联合舰队舰艇全览》，中央文献出版社，2008 年。

19.柳茂坤编著：《大洋惊雷：日本海军偷袭珍珠港之战》，广西科学技术出版社，2004 年。

20.冯平、王国富、吴志樵主编：《空战武器》，中国环境科学出版社，2006 年。

21.俞天任：《浩瀚大洋是赌场——大日本帝国海军兴亡史》，语文出版社，2010 年。

22.王俊彦：《日本天皇与皇帝内幕》，群众出版社，1992 年。